Un Séjour à Lourdes

ADOLPHE RETTÉ

UN SÉJOUR

A

LOURDES

JOURNAL D'UN PÉLERINAGE A PIED.

IMPRESSIONS D'UN BRANCARDIER.

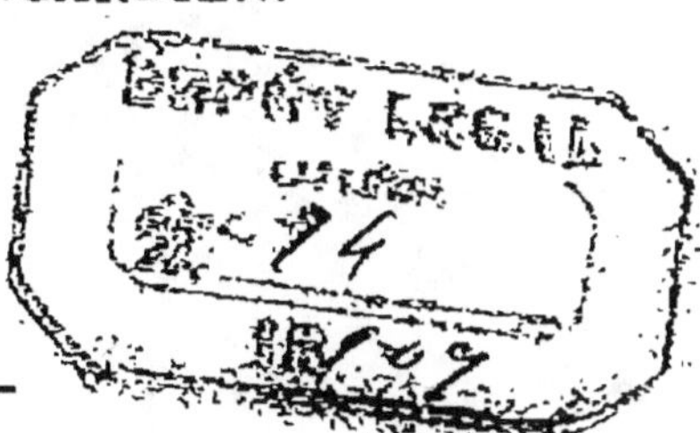

PARIS

LIBRAIRIE LÉON VANIER, EDITEUR

A. MESSEIN, Succr

19, QUAI SAINT-MICHEL, 19

1909

ADOLPHE RETTÉ

UN SÉJOUR
A
LOURDES

JOURNAL D'UN PÉLERINAGE A PIED.

IMPRESSIONS D'UN BRANCARDIER.

PARIS

LIBRAIRIE LÉON VANIER, EDITEUR

A. MESSEIN, Succr

19, QUAI SAINT-MICHEL, 19

1909

PREMIÈRE PARTIE

JOURNAL D'UN PÈLERINAGE A PIED

Un Séjour à Lourdes

PRÉAMBULE

Mon livre *Du Diable à Dieu* raconte à quel
point la Sainte Vierge me fut auxiliatrice lors
de la suprême crise de conscience qui me pré-
cipita, tout pantelant de douleur et de repentir,
dans les bras charitables de l'Eglise catholique.

Une fois réconcilié et reçu à merci, je cherchai
le moyen de reconnaître, par quelque acte
significatif, les grâces frappantes que ma belle
Etoile du Matin m'avait obtenues. Bientôt l'idée
me vint d'un pèlerinage à Lourdes. Il était, en
effet, logique que, miraculé d'âme, j'apportasse
l'hommage de ma reconnaissance à cette Grotte
où les miracles surabondent. Ce devait être
comme un humble petit cierge de plus parmi
ceux qui s'épanouissent, brasier d'amour perpétuel, aux pieds de la Mère de **miséricorde.**

J'avais résolu de gagner Lourdes isolément. Mais je n'imaginais pas que s'il existe des chemins de fer qui nous mènent en quelques heures aux Pyrénées, il y a aussi des routes où je pourrais exercer mes jambes tout en jalonnant les étapes avec des prières.

Mon projet demeurait à l'état confus. Je me disais : — Sûrement j'irai, sous peu, saluer la Sainte Vierge au rocher de Massabielle... Mais quand ce serait et comment, je n'y songeais pas.

Au mois de juin 1907, je fis une retraite chez mes excellents amis, les Pères Bénédictins de Ligugé, actuellement exilés en Belgique. Une après-midi, me promenant avec Dom Besse, dans le jardin du monastère, je lui confiai mon dessein qu'il approuva fort.

— Le mieux, ajouta-t-il, pour vous qui êtes un marcheur intrépide, ce serait d'accomplir votre pèlerinage à pied. Il y aurait là une œuvre de pénitence qui plairait certainement à la Sainte Vierge.

Le conseil me prit à l'improviste. Mais plus j'y réfléchis, plus il me parut facile et séduisant à suivre.

— Je vous remercie de m'avoir suggéré cette idée, dis-je au Père le lendemain, je l'ai envisagée sous toutes les faces et je ne vois vraiment rien qui m'empêcherait de la mettre à exécution. Je suis libre d'aller et de venir comme il ne convient; mes goûts me portent volontiers à suivre des itinéraires capricieux entre les quatre points cardinaux. Que de fois, j'errai ainsi du nord au sud, de l'est à l'ouest, sans autre objectif que celui de changer de place et de découvrir du nouveau ! Mais, pour le coup, j'aurais un but et, circonstance décisive, je pérégrinerais sous les auspices de la Sainte Vierge. En chemin, je moissonnerais une gerbe d'images et d'émotions qu'arrivé à Lourdes, j'effeuillerais devant Elle. Et qui sait s'il n'en résulterait pas un livre où ses louanges tinteraient comme cent volées d'*Angelus* ?

Il n'est guère à craindre que je m'éclope avant la fin du voyage : je possède des jarrets d'acier; dix ans de randonnées à travers ma chère forêt de Fontainebleau m'ont formé aux longues marches. Que le soleil brûle, que la bise cingle ou qu'il pleuve comme pour un déluge, je n'en ai cure. En outre, j'aime la solitude et il ne me déplaît pas le moins du monde de couvrir des kilomètres en société de mon seul Ange gardien. Va donc pour le pèlerinage à pied !...

Pendant l'hiver qui suivit, mon projet ne fit que s'affermir. Dans mes oraisons quotidiennes à la Sainte Vierge, je le lui soumettais ; je ressentais alors de tels mouvements de joie que je ne pouvais douter d'être approuvé par Elle. De fait, dès cette époque, j'eus l'intuition ferme que nul incident contraire ne m'empêcherait de prendre le bâton et la besace et que le pèlerinage se déroulerait sans que nulle mésaventure grave me mît en panne.

Mais que le printemps tardait à venir ! Tout en noircissant du papier, tout en fabriquant, parmi les retouches et les ratures, mon nouveau volume : *Le Règne de la Bête*, je comptais les jours. Novembre, décembre, janvier, la morne kyrielle des mois de brume et de peu de lumière s'en allaient cahin-caha dans le passé. Je me consolais de rester cloué, des heures et des heures, devant ma table de travail, par la certitude que bientôt, l'âme vibrante d'alleluias, j'arpenterais les routes sous le grand ciel libre et que je respirerais, à pleins poumons, l'air salubre des campagnes de France. Et, par avance, je me figurais mon arrivée à la Grotte et l'allégresse que j'éprouverais à toucher du front et des lèvres la pierre sacrée d'où la Dame de Grâce sourit à Bernadette.

Lorsque j'eus écrit le mot fin au bas de la dernière page de mon livre, quand j'eus épluché maintes épreuves, donné le bon à tirer, griffonné les dédicaces indispensables sur les exemplaires de service, je n'eus qu'une préoccupation: me préparer au voyage afin de partir le plus tôt possible. Or, à vivre tout un hiver presque immobile, en tête à tête avec un encrier, j'avais laissé mes jambes se raidir. Il s'agissait de leur rendre leur souplesse de naguère. Aussi, d'avril à mai, je me mis à faire, tous les matins, des marches d'entraînement progressives. Je commençai par quinze kilomètres, puis je poussai à vingt, à vingt-cinq et enfin à trente. Ce chiffre de trente kilomètres constitua ma moyenne durant tout le pèlerinage. J'obtenais cinq kilomètres à l'heure; ils m'entrèrent si bien dans le compas que j'arrivai à les couvrir d'une façon chronométrique, et sans même m'en apercevoir.

Restait à déterminer la route que je suivrais et à calculer approximativement la durée de mon pèlerinage. Aller de Paris à Lourdes, c'était un peu long, d'autant que je tenais à me trouver là-bas pour la fête du 16 juillet où serait commémorée la dernière apparition de la Sainte Vierge.

Il me vint alors à l'idée de prendre pour point de départ l'abbaye de Ligugé située à deux lieues de Poitiers. Je la connaissais déjà par les récits des Pères Bénédictins et par les conversations d'Huysmans qui, comme on sait, habita, tout à côté, le chalet Notre-Dame pendant deux ou trois ans. Je savais qu'un moine, Dom Guyot, y était resté en attendant que les individus qui dévalisent la France, sous prétexte de la gouverner, la vendissent à l'encan. J'avais pressenti le Père Guyot et j'étais sûr de son bon accueil. Je passerais quelques jours auprès de lui, dans le recueillement et la prière ; et ce me serait une excellente préparation au voyage.

Ensuite je consultai la carte. J'y pointai mes principales étapes et je reconnus que, ricochant de Ligugé à Angoulême, Bergerac, Marmande, Nérac, Condom, Mirande, Tarbes, j'aurais 454 kilomètres à parcourir. C'était le trajet le plus court. Sauf anicroches, et vu mon état d'entraînement, si je m'accordais vingt-quatre ou même quarante-huit heures de repos, ça et là, le pèlerinage s'accomplirait en trois semaines environ.

Mes prévisions furent exactes puisque, parti de Ligugé le 9 juin, je suis arrivé à Lourdes le 3 juillet.

Une fois bien fixé sur tous ces détails, je décidai de me mettre en route sans perdre de temps. Je terminai rapidement mes préparatifs et, le 29 mai 1908, je pris le train pour Poitiers.

Dans la première partie du livre qu'on va lire, je relate, d'après mes notes quotidiennes, les divers incidents de mon pèlerinage. Comme on le constatera, si j'eus à subir quelques tribulations, la somme des grâces et des bienfaits l'emporta de beaucoup sur celle des ennuis et des traverses. C'est qu'aussi je m'étais remis entièrement entre les mains de la Sainte Vierge et qu'Elle n'abandonne point ceux qui se confient à Elle en toute simplicité. Je l'avais éprouvé déjà ; je devais l'éprouver encore.

Dans la seconde partie, je raconte comment, dès mon arrivée à Lourdes, j'entrai, d'une façon fort inattendue, au service de l'hospitalité. Il en résulta que pendant deux mois je vécus surtout à la piscine et aux Sept Douleurs, parmi les pauvres et les malades. Je dis les merveilles que j'ai vues. Je rapporte les miracles de foi, de prière et fraternité auxquels j'ai assisté. Ah ! le métier littéraire apparaît bien débile lorsqu'il s'agit de rendre des splendeurs qui semblent appartenir au domaine du rêve et de la légende et qui constituent pourtant la plus poignante des réalités. Les mots font presque défaut pour traduire l'extrême ravissement d'une âme qui se vivifia au plus ardent foyer de grâce et de charité qu'on puisse concevoir. J'ai peur d'être resté trop au-dessous d'un pareil sujet. Si je n'ai pas tout à fait échoué, la publication de ce livre présentera du moins cet avantage de fixer les souvenirs encore effervescents d'un pauvre vagabond devenu, sur le tard, aide-jardinier dans des parterres où la Sainte Vierge multiplie les roses de l'espérance et du miracle. Que par ces lignes Notre-Dame de Lourdes soit aimée et glorifiée, je n'ambitionne pas d'autre récompense.

I

DE PARIS A POITIERS

29-30 mai.

Dix heures du soir : le train s'ébranle, quitte la gare du quai d'Orsay, en faisant résonner, par coups secs, maintes plaques tournantes, s'engouffre dans un tunnel fuligineux, stoppe quelques minutes à la gare d'Austerlitz. Puis il repart pour de bon : jusqu'à Orléans, l'on ne s'arrêtera plus.

Voici les fortifications franchies ; voici la campagne sous le ciel bleu sombre où clignotent quelques étoiles ; voici des massifs d'arbres s'arrondissant en dômes indécis dans l'obscurité transparente de la nuit printanière.

Le front à la vitre du wagon, je ne distingue

pas grand chose. Mais je me sens tout réjoui à la seule pensée que je laisse, pour un temps, derrière moi le tumulte odieux de Paris. Plus de ces rues pleines de clameurs nasillardes ou grinçantes. Plus de passants effarés qui se démènent, comme si le diable leur dardait sans cesse aux reins les pointes d'une fourche rougie à blanc.

Lorsque des nécessités d'existence me forcent de prolonger un séjour dans ce Paris démoniaque, il me semble que mon âme se recroqueville. Mes sensations se déforment comme si je les percevais à travers un sale aquarium où croupirait l'eau trouble de la Seine. Il faut que je me tienne à quatre pour ne pas faire la grimace aux gens qui me coudoient tant leur lippe morose et leurs regards furtifs me consternent. Je respire mal : mes poumons, habitués aux aromes sylvestres, souffrent d'absorber les relents de friture, de pétrole, de musc et de légumes gâtés qui traînent par la ville. Je demeure stupéfait de la façon biscornue dont mes idées tendent à s'associer. Si ce maléfice durait trop longtemps, je crois que je finirais par m'agiter à l'égal des pantins gesticulateurs qui m'environnent. Ma ressource, en ce pays de spectres fous, c'est de me réfugier, le plus souvent possible, au fond de quelque église.

Par exemple, à Notre-Dame des Victoires. — Là, rappelée à la conscience par l'atmosphère toute tiède d'oraisons et par le calme de cette pénombre qui descend des voûtes pacifiques, mon âme se développe comme une fougère d'avril et s'épanouit à l'aise. A égrener quelques dizaines de chapelet, à causer tout bas avec la Sainte Vierge, à réciter ses litanies, à imaginer autour des paysages vaporeux, je retrouve le sens de la réalité c'est-à-dire celui de ce jardin clos où ne mûrissent par les fruits décevants de l'Arbre de Science, de cette maison d'or qu'illuminent les saines lumières du Surnaturel.

Purifié de la sorte, je puis affronter de nouveau ce mauvais songe : la cité des vacarmes et des boues. Je puis même subir impunément ce cauchemar tout proche : la traversée de la place de la Bourse à l'heure où des Juifs et des possédés se jettent des papiers malpropres à la figure et poussent des hurlements atroces sous les coups de fouet dont les sangle le démon du lucre.

Oui, mais ce ne sont là que de brèves éclaircies dans une tempête de désolation. Aussi la raison me commande-t-elle de mettre, dès que faire se peut, beaucoup d'espace entre les citoyens sulfureux qui feignent de se plaire dans les ténèbres nauséabondes de cette ville infernale et le pauvre Moi que leur contact rabougrissait.

Donc, accélère ton élan, locomotive, disperse dans l'air nocturne, avec ta fumée et tes étincelles, les lambeaux du spleen que Paris m'inocula. Pour cette fois, j'absous la manie de la vitesse. Je ne juge pas trop cocasse cette mode de s'enfermer, sous prétexte de train rapide, dans une boite roulante, craquante et cahotante. A mesure que la distance s'accroît, je redeviens normal. Hier j'étais, par obligation, celui qui monte des étages, flotte à la dérive sur des boulevards, articule un grand nombre de paroles inutiles, répète tous les jours, à la même minute, les mêmes gestes policés. Demain, je serai le trimardeur pour la Sainte Vierge. Je connaîtrai, comme naguère, les charmes de l'Imprévu. J'entendrai les sons différents des cloches de cent villes. Tout le long des chemins bénis que bordent les tribus chuchoteuses des ormes, des peupliers et des platanes, je savourerai les douceurs de la solitude et du silence...

Le plaisir d'assembler ces pensées chatoyantes fit que je prêtais peu d'attention aux propos des deux personnages qui occupaient le même compartiment que moi. Ils avaient d'abord dialogué en sourdine. Mais le bruit de ferraille des roues augmentant à mesure que le train précipitait sa course, ils haussèrent le ton. Un éclat de voix me tira de ma rêverie. L'orateur était un quadragénaire grand et gras, joufflu et rougeaud, qui ne cessait de s'agiter sur la banquette. Il fourrageait dans la barbe fauve qui lui embroussaillait le visage, ouvrait les bras, se frappait les cuisses, pointait au sternum de son vis-à-vis un index persuasif, écarquillait des yeux en billes sous des sourcils pareils à des moustaches et vociférait, d'une voix graillonneuse, des arguments commerciaux.

L'autre, chétif, blême et glabre, les mains serrées sur les genoux, offrait un profil oblique dont toutes les lignes convergeaient vers un nez très pointu. Son regard mince glissait prudemment entre des paupières bridées. Il écoutait plus qu'il ne parlait. Sa physionomie exprimait si fort la ruse que je dus le comparer à un renard aux aguets.

Barberousse tentait d'obtenir de Maître Renard le prêt d'une somme destinée à « faire un coup sur les vinaigres ».

— Trois mille francs, disait-il, et je suis certain de réussir.

— C'est à voir, répondit le renard.

— Allons, décidez-vous.

— C'est à voir.

— Mais il faudrait saisir l'occasion.

— C'est à voir...

Ainsi de suite jusqu'aux Aubrais où le renard descendit sans avoir pris aucun engagement.

Barberousse, en sueur, lâcha quelques soupirs déçus. Ensuite il marmotta je ne sais quoi entre ses dents, puis se tourna, d'un coup, de mon côté comme pour engager la conversation. Or, je me tenais sur mes gardes, ayant flairé en lui un de ces redoutables bavards qui ressentent le besoin de jacasser d'une façon continuelle afin de se prouver qu'ils existent.

Se taire lorsqu'on n'a rien d'essentiel à dire, c'est une vertu que la plupart des hommes ne savent pas pratiquer. En voyage, surtout, leur manie du babil se développe hors de toutes proportions. Des gens s'encaquent dans un wagon. A peine ont-ils pris le temps d'encombrer le filet de valises obèses et de parapluies, à peine se sont-ils envisagés, qu'une machine à échappements biographiques se met à fonctionner dans leur larynx. Ils ne se sont jamais vus auparavant, ils ne se reverront jamais par la suite. N'importe, il leur faut jaboter. Ils prennent les choses du plus loin : ils racontent leurs aïeux et leur nourrice, leur sevrage et leur première dent, leur épouse et leur progéniture. Ils expliquent leurs goûts, leurs exploits et leurs ambitions. Bien entendu, ils se peignent en beauté. Tel qui végète dans une obscure épicerie de banlieue, se vante de culminer parmi les cassonades et d'influer despotiquement sur le cours des pruneaux. Cet autre se déclare sans rival pour l'accaparement des jaconas ou le *trust* des moules à pâtés. Parfois ils alternent leurs fanfares. Plus souvent, ils parlent ensemble sans écouter le voisin. On dirait que leur préoccupation unique c'est de ne pas rester en proie à leurs pensées intimes.

Que se passe-t-il donc au fond de ces âmes devenues incapables de recueillement? Leur conscience est-elle si chargée de vilenies qu'ils n'osent affronter ses reproches? Ou, plus simplement, la sottise humaine est-elle une Alpe qui, obéissant à des lois impérieuses, ne peut que s'écrouler en redondantes avalanches de niaiseries?...

En tout cas, Barberousse ne me corrodera point de ses vinaigres.

Je file dans le couloir. Debout sous une lampe parcimonieuse, je déploie un journal et j'ai l'air d'absorber avec voracité les molles balivernes où se dilua l'intellect clapotant des rédacteurs de ce papier.

Barberousse piaffe, toussote, geint, renifle, émet, d'une voix plaintive, des doutes touchant l'exactitude de l'horaire. Je demeure de bronze à ces invites. Enfin il se résigne et ferme les yeux. Bientôt un ronflement, tour à tour grave et suraigu, m'apprend qu'il dort. Cela fait *huî, huî, broum, broum!...* Duo de flûte et de trombone que rythme la basse grondante des roues.

Ton éloquence nasale, ô Barberousse, manque de variété. Pourtant combien je la préfère aux discours dont tu me menaçais.

Ecarté ce danger, je réintègre mon coin et je m'enveloppe dans mon imperméable pour conjurer les souffles humides qui s'insinuent par les vitres mal closes du compartiment. Car à présent que nous coloyons la Loire, la température a fraîchi et la rivière nous envoie des bouffées de brume qui ondulent, en volutes blanchâtres, autour du train.

Je voudrais bien m'endormir aussi profondément que l'homme aux vinaigres mais, fiévreux encore du départ, je n'obtiens qu'une vague somnolence où mes pensées prennent des aspects de demi-rêves et voltigent, semble-t-il, comme des oiseaux chimériques, dans l'atmosphère opaque du wagon. Je commence néanmoins à perdre la notion des choses extérieures, lorsque la locomotive se met à pousser des cris déchirants. Le train ralentit, les freins grognent et les roues patinent. Nous entrons dans la gare de Saint-Pierre des Corps et nous nous arrêtons. Barberousse se réveille en sursaut, rassemble ses paquets et se précipite dehors en négligeant de refermer la portière. Je me sens si engourdi que je n'ai pas le courage de me déranger pour prendre ce soin. Heureusement, un employé, qui rôdait en grommelant sur le quai, daigne me réincarcérer sous verrous. Nous repartons : je m'étends sur la banquette et je retombe dans une sorte d'assoupissement maladif et frileux que hante la table de multiplication. En effet, c'est ainsi que j'interprète le tonnerre monotone des roues : deux fois deux font quatre, trois fois trois font neuf... et des chiffres et des chiffres encore qui me concassent le crâne ou tournoient dans ma cervelle, comme un essaim de guêpes bourdonnantes. — Cet absurde exercice dure jusqu'à Poitiers.

Là, dans un état de quasi-inconscience, je descends du train. Les paupières me piquent comme si un tombereau de sable s'y était déchargé. Un enduit crasseux me tire le visage, me poisse les mains. Horriblement mal à l'aise, je grelotte et je bâille d'une façon effrayante. Il bâille aussi l'homme qui cueille mon billet au passage. Et il bâille de même le subalterne, à casquette galonnée, qui me fourre, avec ma valise, dans une voiture d'hôtel.

Nous gravissons, à l'allure d'un convoi funèbre, une interminable montée. Où vais-je? Où emporte-t-on le colis vacillant de ma triste personne? Je n'en sais rien. Et puis cela m'est tout à fait indifférent ; une idée fixe ou plutôt un instinct me possède : m'étendre en un lit stable et dormir l'espace de quelques siècles.

Grâce à Dieu, nous finissons par arriver au gîte. Un somnambule, audacieusement qualifié garçon de veille, me reçoit. Il bâille, je bâille.

Autre somnambule, je lui demande une chambre, comme en songe. Par des gestes de fantôme, il m'engage à le suivre. Quatre ou cinq corridors, plusieurs douzaines d'escaliers... Enfin voici la couche tant désirée. Laissé seul, je me déshabille en un tour de main et, sans trouver la force de me débarbouiller, je me plonge dans les draps. Tandis que le petit jour entr'ouvre ses yeux gris au fond du brouillard, je clos les miens. Le grand sommeil me prend tout entier, le bon, le large sommeil, ami des infortunés qu'un destin lamentable obligea de passer une nuit en chemin de fer.

II

DE POITIERS A LIGUGÉ

30 mai.

Il est sept heures lorsque le soleil pénétrant dans la chambre, s'étalant, en nappe d'or fluide, sur l'oreiller, me tire du gouffre d'anéantissement où j'avais sombré.

Je saute à bas du lit, je cours à la fenêtre et je constate, avec satisfaction, qu'il fera beau. Le ciel s'arrondit en coupole d'un bleu profond et c'est à peine si quelques petits nuages, blancs comme des cygnes, y voguent, chassés par un léger vent d'est.

Toilette à grande eau pour effacer les traces poussiéreuses du voyage. Puis je dis mes prières du matin et, tout en m'habillant, je fredonne l'antienne charmante des Vêpres de la Sainte Vierge : *Déjà l'hiver est passé, les intempéries s'en vont et se perdent dans l'oubli : lève-toi, mon amie, et viens avec moi !*

Et je paraphrase : Surgis de l'ombre, mon âme ; ce printemps qui te sourit et te réchauffe, c'est un baptême de lumière ; il te purifie des souillures de l'hiver parisien, il te donne des ailes joyeuses pour voler vers les montagnes où la Bonne Dame de Lourdes trône en robe couleur de paradis...

Bientôt, je suis dehors. Ma première impression de Poitiers est fort agréante, car je découvre que cette cité louable ne s'encombre pas de ces sottes maisons à six ou sept étages où se dépense ailleurs la mégalomanie des architectes contemporains. Sagesse devenue trop rare : voici une vieille ville qui n'éprouve pas le besoin de se récrépir comme une Jézabel. Ce sont des façades d'une hauteur modérée et dont les lignes ne se contorsionnent pas selon les préceptes de l'art nouveau, des toits de tuiles brunes, des rues paisibles où l'on peut flâner sans craindre d'être broyé par un de ces monstres qui seraient absurdes s'ils n'étaient homicides : les autobus.

Ferai-je de l'archéologie à propos de Poitiers? — Nullement : d'abord je n'entends pas grand chose à cette science respectable. Tout ce que je me permettrai d'avancer, c'est que telles images, du XIIIᵉ siècle, paraît-il, modelées par des artistes dont l'âme s'imprégnait d'eucharistie, me ravissent. Au contraire, je me détourne en m'ébrouant des vitrines pieusardes où des esthètes, originaires, sans doute, de l'île de Pâques ou d'un district de la Cafrerie, exposent des horreurs statufiées et peinturlurées qui font penser aux blasphèmes d'un imbécile. Je distingue le roman du gothique. Le bon sens me suffit pour m'apercevoir que la façade de Notre-Dame de Paris constitue une harmonieuse merveille et celle du Sacré-Cœur de Montmartre une pâtisserie blafarde. Mais disserter sur les styles, argumenter sur les dates, je ne saurais, étant l'homme des arbres et non celui des pierres.

Ensuite, ce pèlerinage n'a point pour objet de colliger des impressions d'art. Le long du chemin, je dirai peut-être la nature, parce qu'une bénédiction de Dieu me la fait aimer, sentir et comprendre. Mais il n'est guère probable que je décrive des cathédrales.

Cette disposition ne signifie pas que j'éviterai les églises. Chaque fois que je passe devant quelqu'une, j'y pénètre volontiers pour y adorer, ne fut-ce que pendant cinq minutes, le Saint-Sacrement. Et puis il est salubre, quand l'occasion se présente d'entendre une messe, de ne pas la laisser échapper.

C'est pourquoi, ma promenade de découverte à travers Poitiers m'ayant conduit à Sainte-Radegonde, j'y entre avec empressement. Je remarque, dans une chapelle latérale, un fort beau vitrail que j'admire de tout mon cœur; je descends dans la crypte et, m'agenouillant près de la châsse qui contient les reliques de la Sainte, je demande à celle-ci de favoriser mon pèlerinage. Puis j'achève le tour de l'église. Justement une messe commence à un autel qui en occupe l'abside. J'y prends part et je supplie le Bon Dieu de féconder mon âme par les eaux vives de Sa Grâce, afin que les prières y fleurissent comme des touffes de glaïeuls et de capucines.

Ressorti, j'erre encore, quelque temps, par la ville. La matinée s'avance et j'ai hâte d'arriver à Ligugé. Après un déjeuner de côtelettes trop cuites et de pommes de terre trop salées, je frète une voiture et je roule vers l'abbaye sise à huit kilomètres de Poitiers.

Nous montons des côtes, nous en descendons d'autres. Le cocher, mi-tourné sur son siège, me confie que l'expulsion fut un désastre pour le pays. Lui-même se plaint de n'avoir plus à mener là-bas que de rares visiteurs.

— Les Pères Bénédictins, ajoute-t-il, faisaient beaucoup de bien dans le pays et je me demande en quoi cela pouvait gêner le gouvernement.

— Je ne le comprends pas plus que vous, dis-je, mais il paraît que les Pères, ainsi que vous et moi, sont des gens épris d'obscurité. On nous accuse de former une sorte d'écran qui s'oppose au progrès des lumières. Or le gouvernement de la République entend verser des flots de clarté dans l'intellect de tous les

Français. Est-ce que vous ne vous apercevez pas que vous voyez plus clair depuis que les moines on été mis dehors ?

Le cocher ne saisit pas très bien le sens de cette allégorie. Mais, esprit concret, il résume un des résultats de l'expulsion en cette phrase :

— N'empêche que cela fait quelques cent mille francs de moins par an dans la poche des gens de Ligugé. Ils n'en sont pas trop contents...

N'ayant rien à objecter à cette façon de voir, je laisse tomber la conversation et j'examine le paysage.

Des collines, couvertes d'une épaisse toison de jeunes chênes, moutonnent à droite et à gauche de la route. Vers l'est, l'horizon se barre des masses bleuâtres que forment des plantations de pins. La voiture dépasse des coupes où je m'étonne de voir des baliveaux tomber sous la cognée. Ayant vécu si longtemps parmi les forestiers et les bûcherons, je connais assez bien les principes de l'exploitation et je me demande pourquoi, dans ce coin du Poitou, l'on semble prendre plaisir à massacrer les arbres avant qu'ils aient atteint une grosseur raisonnable. Du reste, cette pratique doit être assez ancienne, car je ne vois que du taillis et pas même une espérance de futaie.

Je m'attriste, une fois de plus, à constater les effets de la rage destructrice qui pousse les hommes à dépouiller la terre de sa chevelure de forêts. On dit que c'est pour suffire à la consommation de papier qu'exigent les journaux et les imprimés de toutes sortes dont le flux nous submerge. Eh bien quand, sous ce prétexte, on aura fait du globe le potiron chauve prédit par Musset, en vaudrons-nous davantage?

Je me permets d'en douter. A contempler de beaux arbres, qui développèrent en sécurité, pendant des siècles, leur branchage et leurs frondaisons, nous devenons plus réfléchis et nous percevons, d'un esprit mieux ordonné, les splendeurs de l'œuvre divine. Mais la lecture des gazettes à trente-six pages et à fils spéciaux, que nous apprend-elle? Rien, sinon qu'en tout lieu, l'humanité se démène comme une marionnette dont le diable actionne les ressorts. Cela, nous le savions déjà...

Tandis que j'agite ces pensées chagrines, nous débouchons sur un sommet d'où l'on découvre Ligugé. Des maisons grises se tassent dans un fond, autour du monastère. Nous dévalons une pente rocailleuse, nous traversons le village et nous nous arrêtons devant une grande porte. Un concierge jaillit de sa loge pour m'apprendre que le Père Guyot a dû s'absenter pendant quelques heures. Toutefois, il m'invite à entrer car je suis attendu.

Je gagne la clôture, je traverse une vaste cuisine puis un couloir assez sombre : personne. Je pénètre dans le cloître : personne. J'appelle et pas même un écho ne me répond. Tout est solitude et silence ; une atmosphère mélancolique règne sous ces arceaux où, il y a peu de jours, le murmure des psalmodies et des oraisons montait comme un encens.

—Bah, me dis-je en m'asseyant sur un banc qui se trouve là, tôt ou tard il viendra quelqu'un.

En effet, d'une chapelle dont je n'avais pas remarqué l'entrée, un jeune homme finit par sortir qui s'empresse et s'excuse. J'apprends que le Père rentrera bientôt et que ma cellule est prête à me recevoir. J'y monte et, comme je ressens encore la fatigue de la nuit précédente, je me jette sur le lit et je m'endors profondément jusqu'au crépuscule où Dom Guyot, enfin de retour, m'ouvre ses grands bras et me souhaite la bienvenue.

III

LIGUGÉ

31 mai.

J'ai décidé de rester auprès du Père Guyot jusque passé la Pentecôte. Cette retraite d'une dizaine de jours me préparera on ne peut mieux à mon pèlerinage.

Seul, avec le bon moine, dans le couvent abandonné, j'ouvre largement mon âme à la prière et à la méditation. Elle écarte les soucis assez puérils où elle se dispersait trop souvent à Paris. Elle se tourne toute aux choses divines et ne connaît plus que la joie paisible de se sanctifier sous les auspices du cher ermite dont je partage la solitude.

Ma vie, au monastère, fut, dès ce premier jour, fort simple et fort unie. J'assiste, tous les matins, à la messe de six heures dite par le Père dans la petite chapelle qu'il s'ar-

rangea au fond du cloître et, la communion
reçue, je prolonge, avec bonheur, mon action
de grâces. Puis, j'occupe des heures à flâner
dans le jardin et dans les prairies qui l'avoi-
sinent.

Parfois, je m'assieds sous les vieux tilleuls
qui encerclent un étang que des lentilles d'eau
couvrent d'un tapis vert-tendre. Des libellules
dansent au-dessus, semblables à de petites
flammes bleues. Des grenouilles ne se gênent
pas pour coasser en chœur ou en solo. Le soleil tamise des clartés d'ambre à travers les
feuillages qui murmurent et se bercent en cadence. Tout est si calme, si reposé que je puis
me croire à mille lieues des endroits où la folie
humaine agite ses grelots.

Parfois, je me risque dans le village. Presque
tout le monde est aux champs. Il ne reste que
quelques vieillards assis devant leur porte. Je
cause avec eux ou je suis les jeux des enfants
qui s'échappent de l'école, la classe terminée.
Je leur distribue des sous pour le plaisir de voir
s'égayer ces bonnes petites figures que le hâle
brunit et que barbouillent du raisiné ou du
jaune d'œuf.

Parfois, je remonte dans ma cellule meublée

sommairement et suffisamment d'une couchette, d'une table et d'une chaise. J'écris quelques notes plutôt par habitude que pour en tirer, plus tard, de *la copie*. Car jamais le métier littéraire ne m'apparut plus vain.

Parfois, je rejoins le Père sous un hangar où, vigneron émérite, il martelle des futailles, transvase des liquides couleur de grenat ou de paille et cale des tonnes. Il me conte les incidents de la dernière vendange, à moins qu'assis au bord d'un chantier, il ne me commente la règle de saint Benoît.

Nos repas sont vite pris dans la vaste cuisine au coin d'une cheminée gigantesque où deux cotrets se consument en crépitant.

Le soir, à huit heures et demie, après les Complies dites dans la chapelle, nous sommes au lit. La cellule du Père se trouve au premier étage. Son chien, croisé de Terre-Neuve et de Saint-Bernard, Turc à la mâchoire formidable, en garde l'entrée, étendu dans le corridor. Gare à quiconque essayerait d'enfreindre la consigne de ce modèle des factionnaires ; l'intrus serait étranglé net.

Moi, je couche au second. J'ai, pour me tenir compagnie, les sarabandes d'un peuple de souris qui envahirent le monastère après le départ des moines. Je les vois galoper sur le carreau par cinq et six à la fois, avant même que j'aie soufflé ma bougie. Il m'arrive de troubler leurs ébats en leur lançant une de mes bottines. Alors elles disparaissent ; mais elles reviennent bientôt et recommencent à fureter çà et là ; peut-être est-ce avec l'espoir de découvrir une croûte de pain. En quoi elles se trompent fort, car il n'y a ici que de la poussière et un placard rempli de vieux papiers.

Mes lectures quotidiennes sont de mon cher *Petit Office de la Sainte Vierge* de l'Evangile et de l'*Imitation*.

J'aime à ouvrir l'Evangile au hasard et à lire jusqu'au bout le chapitre sur lequel je tombe. Cela me remet, comme il sied, sous l'égide de Notre-Seigneur ; cela me ramène l'âme dans la voie étroite et salutaire où elle échappe aux imaginations plus ou moins nocives qui tournent autour d'elle comme de vilains moustiques.

Voici aujourd'hui, l'épisode de Zachée rapporté par saint Luc : *Jésus étant entré dans Jéricho allait par la ville ; et voilà qu'un homme nommé Zachée, chef des publicains et fort riche*

LE PÈLERIN A LIGUGÉ.

lui-même, cherchait à voir qui était Jésus et il ne le pouvait à cause de la foule, parce qu'il était très petit de taille. Courant en avant, il monta sur un sycomore pour le voir parce qu'il devait passer par là. Arrivé en cet endroit, Jésus leva les yeux et, l'ayant vu, lui dit : Zachée, hâte-toi de descendre, car aujourd'hui, c'est dans ta maison qu'il faut que je m'arrête. Zachée se hâta de descendre et le reçut avec joie...

J'aime ce Zachée si naïf et qui n'a cure de respect humain. Cela lui est bien égal que les badauds, accourus pour observer ce Voyageur mystérieux et dont on parle tant, se moquent de lui. Jésus approche : l'essentiel, c'est de découvrir d'aussi loin que possible sa face radieuse. Aussi quelle récompense : c'est dans sa maison que séjournera le Sauveur.

Ah ! je veux rester pareil à Zachée. Content d'être traité de fol et de ramolli par les gens « éclairés » qui déplorent mon catholicisme, je n'hésiterai jamais à proclamer ma foi. Daigne Notre-Seigneur m'en récompenser en ne me retirant pas la grâce si souvent ressentie de sa divine Présence autour de moi !...

1er juin.

Visite au chalet Notre-Dame. Huysmans y résida pendant quelques années et jusqu'à l'époque où les Bénédictins durent partir pour l'exil. Les personnes qui occupent actuellement la maison étant absentes, le domestique me laisse entrer. Pour l'extérieur, elle est restée la même que du temps de l'écrivain : mais à l'intérieur, les chambres sont garnies de meubles modernes dont les formes ne s'harmonisent guère avec l'architecture à peu près gothique du bâtiment.

Je sors bientôt et je fais le tour du jardin. De grands cèdres y répandent une ombre sévère. L'aspect général en est assez triste et tel, en somme, que Huysmans le décrivit dans *l'Oblat*. J'en parcours les allées puis, assis sur un banc, je pense au pauvre mort. Je me rappelle notre première entrevue à Paris, quand je vins lui demander pardon de toutes les railleries que j'avais publiées sur son compte. Le diable guidait alors ma plume et les œuvres d'Huysmans m'avaient servi de prétexte pour insulter plus âprement la Sainte Vierge et l'Eglise.

Prévenu par Coppée que je viendrais le voir, Huysmans m'attendait avec impatience, car ma conversion lui avait causé une grande joie. Moi-même, j'étais fort ému. Les larmes aux yeux, je lui dis mon repentir. Il ne me laissa pas achever et m'ouvrit les bras en m'affirmant qu'il n'éprouvait aucune animosité à mon égard. Nous nous embrassâmes de tout cœur et, de ce jour, nous fûmes amis.

C'était aux premiers jours d'octobre. Il commençait à souffrir du terrible mal qui l'emporta mais ni lui ni d'autres ne se doutaient que ce fût ce cancer dont l'évolution a été si rapide.

Par la suite, fixé dans ce petit village forestier d'Arbonne où j'ai écrit mon livre *Du Diable à Dieu*, je ne cessai de correspondre avec lui. Malgré les tortures qu'il subissait sans relâche, il trouvait la force de m'adresser des lettres admirables, pleines de conseils affectueux, débordantes de ferveur religieuse et marquées par la plus entière résignation. Je garde précieusement ces pages héroïques, car elles me furent une lumière dans ma solitude.

Pendant l'hiver, les rares fois où je vins à Paris, ce fut pour visiter Huysmans. A considérer le délabrement de son corps, sa face entourée de bandages et où les regards brillaient d'un éclat sec et fiévreux, j'éprouvais presque de l'épouvante, tant il me paraissait moribond. Mais il se mettait à parler d'une voix très faible et alors se révélait la beauté d'une âme qui, s'épurant par la souffrance, s'absorbait de plus en plus dans la vie surnaturelle. Il était loin le Huysmans facilement sarcastique de naguère. Il n'y avait plus qu'un pénitent très humble qui tenait les douleurs dont il était assailli pour une juste expiation de ses fautes anciennes et qui espérait, par elles, mériter l'indulgence divine. Cette docilité à souffrir alla toujours croissant ; aussi fit-il la sainte mort que l'on sait.

C'est à quoi devraient réfléchir ceux qui prennent texte de certaines critiques virulentes émises par Huysmans et de certaines de ses peintures, d'une crudité peut-être excessive, pour mettre en doute sa sincérité.

Pour comprendre Huysmans, il ne faut jamais perdre de vue que la hideur de la société contemporaine, suintante de matérialisme, le suppliciait. Enivré des splendeurs et des parfums qui lui venaient de cette terre promise, plantée de roses lumineuses, qu'on appelle la Mystique, il était dans l'état d'esprit d'un pèlerin de l'idéal qui, s'endormant au seuil du paradis, se réveillerait au milieu d'une étable à pourceaux. Le contraste était par trop affreux ; aussi ne pouvait-il que crier son dégoût.

En outre, pour éviter les flaques de fange où l'on patauge dès qu'on se risque parmi les soi-disant *civilisés rationnels* qui pullulent dans les villes et encombrent les avenues de la pensée, il lui manquait l'amour de la campagne. D'autres se réfugient dans les bois, sous les futaies où l'on entend battre encore le cœur magnanime de la grande nature. Or, de son propre aveu, Huysmans n'en sentait point les vertus purifiantes. Cette consolation lui faisant défaut, il s'efforçait de vivre dans le passé. « Il s'était bâti dans la tête une cathédrale du xiiie siècle », me disait fort justement un jour le docteur Boissarie qui l'aimait et l'appréciait à sa valeur. Quand il sortait de cette basilique de rêve, où l'art régnait en sa perfection, il éprouvait, toujours par contraste, de violents déboires. Il se heurtait à trop de statues bonnes à surmonter des autels canaques. Trop de chromos, qu'on dirait ravies à des bâches foraines, lui offusquaient la vue. Telle littérature poisseuse de sucrerie religiosâtre lui donnait des nausées.

Enfin il souffrait d'ouïr maintes musiques d'orgue qui semblent être importées de Barbarie. Il aimait tellement l'Eglise qu'il aurait voulu que, chez elle, tout fût sublime, sans lacunes et sans déchets.

Un aussi noble sentiment de la beauté catholique ne doit-il pas lui faire pardonner quelques outrances de style? — Au surplus, il faut admettre qu'un écrivain n'a de valeur qu'autant qu'il exprime, sans détours, ses sensations et ses idées. L'art véritable ne supporte ni les atténuations prudentes ni les réticences hypocrites ; Huysmans fut un homme de paroxysme ; il haïssait le médiocre et son tempérament littéraire le portait aux extrêmes : il montra la plus haute probité en lui obéissant.

S'il s'était mutilé, par fausse pudibonderie ou par calcul, nous trouverions peut-être dans ses livres un peu moins de métaphores d'un goût parfois contestable, mais nous n'aurions pas non plus les pages flamboyantes où il rendit presque tangibles des états d'âme poignants...

Ah ! que le Bon Dieu nous accorde beaucoup de lettrés de l'envergure d'Huysmans : la gloire de l'Eglise ne pourra qu'y gagner.

Rentré au monastère, je relis ses lettres. Je

ne puis m'empêcher de citer à cette place un fragment de l'une d'elles qui, je l'espère, édifiera le lecteur. Il révèle une amitié si perspicace que j'en obtins le plus grand réconfort au cours des assauts démoniaques qu'il me fallut subir.

Voici le morceau daté du 7 novembre 1906.

« Vous voici dans la solitude et j'espère que celui que le brave curé d'Ars appelait le Grappin vous laisse un peu en paix. Je prie pour cela matin et soir. En tout cas, ayez confiance, refusez avec lui toute discussion et quand même les prières à la Vierge vous paraîtraient des sons vains, faites-les. Ce sont d'ailleurs les plus agréables à Dieu, les prières faites sans joie, presque sans espoir, parce qu'elles coûtent. Les autres sont aisées et, par conséquent, valent moins.

« Dites-vous bien aussi que la souffrance est la marque de l'amour divin. Il n'est pas un des saints qu'il n'ait broyé. Rappelez-vous la réponse de Jésus à sainte Térèse accablée de maux et finissant tout de même par se plaindre à Lui de ses rigueurs : « Ma fille, c'est ainsi que je traite ceux que j'aime. » Voyez, il nous traite, nous, les convertis et les bons salauds, comme ses vrais amis !

« Comme je vous l'ai dit, c'est très bon signe. N'empêche que c'est affreux. J'en ai su et j'en sais encore quelque chose, n'étant pas précisément heureux au point de vue spirituel et au point de vue corporel. Mais je me dis que c'est, sans doute, autant de moins à subir dans le Purgatoire et je me console.

« Songez aussi, bien cher ami, qu'il y a un peu de bonne ruse chez le Seigneur. Il est souvent le plus près de nous alors que nous le croyons le plus loin. Il laisse agir le Prince des Muffles qui, sans le vouloir, nous épure. Car, en fin de compte, c'est à cela que toutes ces ridicules persécutions aboutissent. Soyez donc content : la Sainte Vierge vous a recueilli. En dépit de tous les cahots, tout ira donc très bien... »
N'ai-je pas raison d'aimer et de défendre l'ami si clairvoyant qui m'écrivait ces lignes ?

2 juin.

Au milieu du préau qu'entoure le cloître de Ligugé s'élève un palmier, objet de la sollicitude de Dom Guyot. De même, sur la façade du monastère qui regarde l'étang, on a sculpté l'image d'un autre palmier, avec la devise : *Justus ut palma florebit*. Comme je demandais au Père la signification de ces arbres symboliques, il me répondit que c'étaient les armes adoptées par l'ancien abbé, Dom Bourigaud.

Alors, je me suis reporté au couvent de Chevelogne, résidence actuelle des Bénédictins de Ligugé. Par la pensée, j'ai revu Dom Bourigaud, petit vieillard plus qu'octogénaire et presque aveugle, qui trottine par les corridors en égrenant son chapelet. Comme sa cécité croissante l'empêchait de remplir ses fonctions, il démissionna voici quelques années. Mais il n'en suit pas moins scrupuleusement les offices. Dès le premier coup de *Matines*, il arrive à la chapelle, gagne en tâtonnant la stalle exiguë qu'il se fit façonner près du banc des convers, et prend part à tous les exercices, à toutes les oraisons, à toutes les psalmodies. Pour la messe conventuelle il est encore là et pareillement à *Vêpres* et à *Complies*.

Quelle concentration de prières il doit y avoir dans cette âme qu'un demi-siècle de vie monastique détacha déjà des choses terrestres. Maintenant, la lumière extérieure n'existe plus pour lui, mais combien ses lumières spirituelles ont dû s'aviver, jusqu'à devenir semblables à un Saint-Sacrement qui s'épanouirait dans le soleil. Nous autres, faux clairvoyants, tant de saletés entrent en nous par les prunelles que nous avons bien de la peine à garder un peu net le piteux habitacle où Notre-Seigneur daigne parfois descendre. Au contraire, ce doux aveugle peut gravir, sans distraction, les marches toujours plus radieuses de l'escalier qui mène au ciel. Certes, il se réalise pour lui, selon la Grâce illuminante, le sublime appel du *Tantum ergo :* « Que la foi supplée à l'infirmité de nos sens ! »

Ah ! nature humaine, miroir où se reflètent toutes les illusions du péché, celui-ci t'a vaincu. Les spectacles où le convie son bon Ange, on les pressent si splendides qu'on accepterait bien des revers pour les connaître. Que de fois, agenouillé au banc des hôtes, non loin de ce saint moine, j'ai envié la sérénité joyeuse qui règne sur cette face dont nulle pensée qui ne soit de Dieu ne modifie l'expression...

3 juin.

Assis sous les arceaux du cloître, je lève les yeux et je vois, par delà les combles du monas-

tère, les grands tilleuls balancer, dans l'air lim-
pide, leurs cimes que caresse une brise indo-
lente. Un quatrain du pauvre Verlaine me vient
à la mémoire :

> Le ciel est, par-dessus le toit,
>   Si bleu, si calme,
> Un arbre, par-dessus le toit,
>   Berce sa palme...

La simplicité pénétrante de ces vers convient
à ma rêverie. Je me sens pacifique et très doucement heureux. En effet, ici, je ne pèche guère.
Toutes mes journées se passent dans l'allégresse
d'avoir reçu le matin la Sainte-Eucharistie,
sans m'en être trouvé par trop indigne. Puis à
réciter fidèlement les Heures de la sainte Vierge,
je crée, autour de mon âme, une atmosphère
exquise où se mêlent des nuances de pâle azur
et d'or vaporeux. Les louanges de la Bonne
Mère tintent en moi comme des carillons de
cristal. Je suis, me semble-t-il alors, transporté
dans un parc merveilleux tout fleuri de corolles
qui brillent comme de petites étoiles. Des jas-
mins et des œillets embaument les parterres.
Et les allées convergent vers un sommet
couronné d'églantines d'où Notre-Dame de

Lourdes, souriante, me fait signe de venir à Elle.

Cette féerie prend une telle *évidence* qu'une fois retombé sur moi-même, je promène des regards ébahis sur tout ce qui m'environne, comme si ce cloître se trouvait situé dans une étrange contrée dont j'ignorerais jusqu'au nom.

5 juin.

Lecture de l'*Imitation*. Il y a, dans la vie intérieure, des moments où l'édifice de pensées mortifiées et de bonnes résolutions, dont on croyait avoir assis solidement les bases, chancelle et semble prêt à s'écrouler. Nous sommes tellement fragiles, si peu sûrs de nous-mêmes qu'au moindre réveil de l'orgueil ou des sens, nous redevenons des enfants pleins de convoitise devant les verroteries suspectes que le Mauvais fait scintiller pour nous séduire. Nous connaissons le piège; nous savons que si nous nous y laissons choir une fois de plus, nous éprouverons aussitôt du dégoût, de la honte et de lancinants remords. N'importe : si grande est notre complaisance pour le péché que, tout en attestant notre bonne volonté, tout en nous promettant de ne pas succomber, nous ne nous éloignons qu'à regret. Nous retournons vingt fois la tête, car ces clinquants qui miroitent nous apparaissent d'authentiques pierreries qu'il serait agréable de soupeser d'une main frémissante de désir. Encore un peu d'hésitation, et ce sera la culbute...

Au bord de ce péril, il est, j'en réponds, fort efficace de lire quelques pages de l'*Imitation*. J'ai si souvent expérimenté les vertus d'un recours à ce *compendium* de sagesse que j'aime à en porter toujours un exemplaire dans ma poche.

Le moine inconnu qui écrivit ce livre, où passe le souffle du Saint-Esprit, ne pensait, peut-être, ne se rendre utile qu'à ses frères du couvent. Et voici qu'après des siècles de psychologie empirique, de morales disparates, après maintes drogues ingurgitées sous prétexte de philosophie et de science, c'est à ces versets qu'il nous faut revenir pour trouver le meilleur remède à nos passions et les avertissements les plus décisifs.

Voyez, par exemple, ce chapitre sur les tentations. Nul agrément littéraire n'y festonne ; nulle de ces sucreries, qui font faire la bouche en cœur aux Philothées de la dévotion facile, n'englue les phrases. Tout est net, sobre, viril. Cela retentit en nous comme le son d'une cloche impérieuse, comme le tocsin de nos vices et de nos vanités. Inutile de chercher des excuses ou des échappatoires ; le péché est poursuivi dans les replis les plus obscurs de notre âme, traîné au grand jour, mis en poussière aux pieds de Notre-Seigneur. Quelle concentration et comme, en peu de mots, le mécanisme de la tentation est ici démonté avec une prodigieuse exactitude.

Ce passage : « *D'abord il ne se présente à l'esprit qu'une simple pensée, elle passe ensuite dans l'imagination, puis vient le plaisir et le mouvement déréglé, et enfin le consentement de la volonté.*

« *C'est ainsi que l'ennemi s'empare pied à pied de notre cœur si nous ne lui résistons pas dès le commencement.*

« *Plus nous négligeons de le faire, plus nos forces diminuent et plus les tentations deviennent violentes...* »

Et le chapitre sur l'inconstance du cœur : « *Tant que vous vivrez, vous serez sujet, malgré vous, à beaucoup de changements ; tour à tour triste et gai, calme et inquiet, fervent et tiède, tantôt zélé, tantôt languissant, tantôt grave, tantôt léger.*

« *Un homme grave et intérieur reste toujours ferme au milieu de ces inconstances ; il ne fait point attention à ce qui se passe en lui-même et il ne se laisse pas emporter par le vent de l'instabilité ; il ne pense qu'à bien diriger son intention vers la fin à laquelle il doit tendre et à faire tout ce qu'il faut pour y parvenir...* »

Je m'arrête car il faudrait tout citer. Au surplus, je ne puis que le répéter, la lecture de l'*Imitation* est toujours salutaire. S'en faire une habitude, c'est, lorsque l'envie de barboter dans le péché nous empâte la bouche d'un goût de fièvre, boire à longs traits l'eau fraîche et pure d'une source où les colombes du Saint-Esprit consolateur trempèrent leurs ailes d'arc-en-ciel.

7 juin.

En ce jour de la Pentecôte, j'ai lu le livre de Dom Chamard sur la fondation du monastère de Ligugé par saint Martin, apôtre des Gaules. Les réunions de moines n'occupaient point alors des bâtiments plus ou moins vastes, construits autour d'un cloître. Les cénobites se logeaient dans des cabanes de feuillage réunies autour de l'oratoire commun et de la cellule du saint, leur abbé. La tradition veut que cette installation ait eu lieu sur l'emplacement du monastère tel qu'on le voit aujourd'hui et, d'une façon plus précise, à l'endroit où s'élève l'église actuelle qui date du xvie siècle.

A gauche de cette église, il y a une petite chapelle, dite du catéchumène, qui commémore un des plus touchants miracles du saint. J'en donnerai le récit d'après Don Chamard.

Parmi les jeunes gens qui suivirent saint Martin dans la solitude de Ligugé, se trouvait un catéchumène que l'apôtre distinguait pour son intelligence et la ferveur de sa piété. Le monastère était à peine inauguré depuis quelques mois, lorsque des affaires urgentes obligèrent saint Martin de s'éloigner, quelques jours, de ses chers disciples.

Or, pendant son absence, le catéchumène tomba malade et mourut subitement, avant qu'on eût eu le temps de lui administrer le sacrement de baptême. Les moines se désolaient à la pensée du chagrin que causerait à eur Maître ce décès survenu sans que son chef néophyte eût été régénéré par l'eau sainte. A son retour, saint Martin les trouva réunis près du cadavre et psalmodiant, avec des sanglots, les suprêmes prières.

« Le saint jette des cris de douleur. Mais soudain, se sentant rempli de l'Esprit de Dieu, il ordonne à tous ses disciples de sortir de la cellule où gisait le cher défunt. Il en ferme la porte et, comme autrefois le prophète Elisée, il prie pendant quelque temps, les membres étendus sur les membres du cadavre. Puis, averti par une inspiration intérieure que l'Esprit de vie s'est communiqué au corps de son disciple, il se relève et reste là debout, les yeux fixés sur les yeux éteints du jeune homme, attendant l'effet de la miséricorde du Seigneur. Après deux heures d'attente, voilà que ces yeux fermés par la mort s'animent tout à coup et semblent s'ouvrir à la lumière. En même temps, les membres glacés font un léger mouvement ; à cette vue, le saint pousse vers Dieu un cri de reconnaissance qui retentit hors de la cellule. Les frères, qui se tenaient, en silence, à la porte, se précipitent. Miracle : celui qu'ils avaient laissé mort, le voilà vivant. Il se **jette dans leurs bras ; on le félicite et on l'in-**

terroge sur ce qu'il a vu dans la région des morts.

« J'ai été conduit, répondit-il, devant le Souverain Juge, et j'ai été condamné à être enfermé dans un lieu de ténèbres rempli d'une foule de malheureux qui avaient subi la même sentence que moi. Mais au moment où je pénétrais dans ce noir cachot, deux Anges vinrent informer le Souverain Juge que Martin priait pour moi. Aussitôt, ordre fut donné à ces deux Anges de me ramener à la vie et de me rendre à notre Père vénéré. — Ainsi parla le jeune homme qui fut baptisé sans retard et vécut encore plusieurs années... »

Ce miracle, que j'ai transcrit dans la forme fruste donnée par l'hagiographe à son récit me touche d'une façon particulière. Ne suis-je pas, moi aussi, un néophyte tiré de la mort spirituelle par une grâce du Bon Dieu? C'est pourquoi j'ai demandé à Dom Guyot que, le matin de mon départ, il célèbre la messe et me donne la communion dans la chapelle du catéchumène.

8 juin.

C'est demain que je commence mon pèlerinage. Je procède aux préparatifs qui ne sont

d'ailleurs pas bien compliqués. Comme je l'ai
déjà dit, j'avais établi, avant mon départ de
Paris, les grandes lignes de mon itinéraire.
Restait à déterminer ma première étape. La
carte consultée, je résolus de prendre des chemins de traverse, de passer par Iteuil, de rejoindre la grand'route à Vivonne et de la suivre
jusqu'à Couhé-Vérac où je coucherai le premier jour.

L'important, c'était de garder mes pieds in-
tacts afin de ne pas rester en panne pour cause
de meurtrissures. Mettre des chaussettes eut été
une erreur déplorable ; car c'est dans la chaus-
sette que se blottit le diablotin qui préside aux
ampoules. J'aurais donc les pieds nus dans de
souples bottines à lacets enduites extérieure-
ment d'une graisse spéciale qui les empêcherait de se racornir. Les pieds eux-mêmes seraient oints d'une mixture dont la recette m'a
été fournie par un brave curé de village. La
voici : remplir la moitié d'un bol d'une certaine
quantité d'huile d'olive ou de noix, y ajouter
deux jaunes d'œuf, battre le tout et, lorsque le
mélange a acquis une certaine consistance, le
verser dans les bottines.

C'est ce que je ne manquais pas de faire à

chaque étape. De sorte que je puis dire que j'ai accompli le pèlerinage de Ligugé à Lourdes sur des pieds à la mayonnaise.

Une fois au gîte, je m'essuierais les pieds avec une serviette un peu rude puis je les frotterais d'eau de Cologne afin d'en fortifier l'épiderme et de rétablir la circulation (1).

Les deux précautions étaient bonnes à prendre, car si je n'ai pas évité complètement les blessures, du moins elles ne furent jamais assez graves pour m'arrêter longtemps ni pour me forcer de grimper dans quelque véhicule.

Je portais en bandoulière une musette de soldat, contenant mon *Petit Office de la Sainte Vierge*, mon *Imitation*, des aiguilles et de la soie pour percer les ampoules éventuelles et quelques objets de toilette. Sur cette besace je roulai un grand imperméable maintenu par

(1) Ceci a suscité quelques plaisanteries dans les journaux. Interviewé un peu avant mon départ, j'avais, sans y entendre malice, exposé au reporter qui m'interrogeait les précautions que je croyais devoir prendre. Cette eau de Cologne scandalisa, paraît-il, divers ascètes de la presse blocarde. Pour moi, naïf, je n'y avais vu qu'un alcool propre à me fortifier la plante des pieds. Néanmoins, certains m'accusèrent de sybaritisme !...

dès courroies. Enfin je m'étais muni d'une canne à pique du genre *alpenstock*. Puis je portais un vieux costume qui avait déjà reçu bien des averses et qui était fait à mes entournures et j'étais coiffé d'une antique casquette d'auto.

Equipé de la sorte, entraîné à la marche comme je l'étais, je pouvais espérer couvrir, sans trop d'anicroches, la distance qui me séparait de Lourdes.

Aussi, ce soir-là, me mis-je au lit, plein de confiance, en me répétant ces versets du psaume 90 : *Le Seigneur te couvrira de son ombre ; tu seras dans l'espérance sous ses ailes. La vérité sera ton bouclier ; tu ne craindras ni les alarmes de la nuit, ni la flèche qui vole au milieu du jour, ni la contagion qui se glisse dans les ténèbres ni les attaques du démon de midi...*

Ah ! comme on se sent fort quand on s'est confié sans réserve à la protection divine !...

IV

DE LIGUGÉ A COUHÉ-VÉRAC

9 *juin*.

Ce matin, à cinq heures, le Père Guyot dit la messe, comme il était convenu, dans la chapelle du catéchumène. Je l'ai suivie d'un cœur fervent, en suppliant Dieu de m'assister au cours de mon pèlerinage. La communion reçue, je ne cessais de me répéter les deux premiers vers d'une hymne qu'on chante parfois avant la bénédiction du Saint-Sacrement :

> *Ecce panis angelorum*
> *Factus cibus viatorum*

Nul texte ne pouvait mieux s'appliquer à la circonstance. De fait, la manducation du corps de Notre-Seigneur non seulement nous met l'âme en état de grâce pour toute la journée, mais aussi nous confère une énergie physique qui nous permet d'affronter des fatigues anormales. Je l'avais bien souvent expérimenté ; aujourd'hui, je le constate de nouveau.

La messe terminée, après un déjeuner de café noir et d'œufs, je me chargeai de ma besace, je pris ma canne et j'entamai le premier kilomètre de mon pèlerinage.

Le Père Guyot voulut m'accompagner jusqu'à Iteuil. Plein de sollicitude, il s'inquiétait plus que moi des traverses que j'aurais peut-être à subir et il multipliait les recommandations. Mais je ne saurais dire à quel point je me sentais en confiance. Par un bienfait de la Sainte Vierge, j'avais la certitude que nul accident grave n'interromprait mon voyage et cette intuition m'emplissait d'une joie ailée et lumineuse qui me maintint au-dessus de moi-même tout le long de la route.

A la sortie d'Iteuil, je déclarai au Père que je ne souffrirais pas qu'il se fatiguât davantage. Nous nous embrassâmes, très émus tous deux, car, pendant mon séjour au monastère, nous nous étions liés d'une solide amitié. Il s'était montré si paternel à mon égard. De mon côté, j'avais fait le possible pour reconnaître ses attentions.

Je le quittai, le cœur gros et les larmes aux yeux. Pour faire diversion, je hâtai le pas et j'examinai le paysage. Le chemin, fort bien entretenu, ondulait à travers des prairies plantureuses, des vergers où prédominaient les pommiers et des champs d'avoine. A droite et à gauche, des paysans et des paysannes, occupés à faner, ne faisaient guère attention à moi. Le temps restait au beau ; dans le ciel bleu, où riait un soleil modéré, de petits nuages blancs filaient, chassés par un léger vent d'est qui rafraîchissait l'air et s'imprégnait du parfum des foins coupés.

— Pourvu, me dis-je, que cela continue, car on ne peut souhaiter une température plus favorable à la marche.

Hélas non, cela ne dura pas. Comme on le verra par la suite, je devais subir des pluies opiniâtres...

En attendant, toujours allègre, je traverse Vivonne. Au rebours des faneurs, les habitants de cette petite ville me témoignèrent de la curiosité. Des bonnes femmes, qui jacassaient au seuil des portes, s'interrompaient pour me suivre d'un regard scrutateur. Des enfants s'arrêtaient, bouche béante, à me dévisager. Un forgeron, me désignant à un épicier, décocha quelques quolibets. Il faut croire que j'apparaissais à tous ces braves gens comme un trimardeur d'une espèce insolite.

A un croisement de rues, j'abordai un facteur afin qu'il m'indiquât un raccourci vers la grand'route. Quand il m'eut renseigné, il ne put s'empêcher de me demander :

— Et d'où venez-vous comme cela ?

— De Ligugé.

— Et vous allez loin ?

— Je vais à Lourdes.

— Comment cela ?... Tout le temps à pied ?

— Mon Dieu, oui : à pied tout le temps.

Il s'étonna puis reprit, de l'air d'un homme qui fait une découverte :

— Ah ! je comprends, c'est un pari.

— Pas du tout, c'est un vœu que j'ai fait à la Sainte Vierge.

Sa mine stupéfaite m'égaya. J'en conclus que, dans ce pays, la coutume des pèlerinages pédestres s'était totalement perdue. Au surplus, chaque fois que l'on m'interrogea de la sorte — et Dieu sait si cela m'arriva souvent jusqu'à Lourdes

— je répondis de même. J'estime, en effet, salutaire d'inculquer à nos contemporains qu'il existe encore des gens pour qui la dévotion à la Sainte Vierge vaut qu'on s'impose quelque fatigue.

Vivonne dépassé, j'atteignis la route nationale que je ne devais plus quitter jusqu'à Angoulême. Ici commença ce que j'appellerai la question du terrain. S'il est trop dur, les pieds s'échauffent et tendent à se meurtrir plus vite. S'il est trop meuble, la marche devient pénible et l'on se fatigue davantage. Le milieu de la route, tassé par les charrois, rentre dans le premier cas : il faut donc éviter de le suivre. Il y a les bas-côtés que couvre, en général, un gazon ras. Malheureusement, de maudites tranchées les coupent tous les dix pas. Les franchir sans cesse obligerait à progresser par sauts et saccades ; et l'on se lasserait encore bien plus rapidement. Le plus rationnel, c'est de suivre la partie de la route qui borde le renflement central. Là le sol, ni trop dur ni trop mou, plaît aux pieds : c'est ce que j'appris bientôt par expérience.

Qu'on ne s'étonne pas de ma minutie à choisir mon terrain. Tout ce qui concerne la marche prend de l'importance lorsqu'on a devant soi quelques centaines de kilomètres à couvrir. C'est pourquoi je ne manquai pas de m'informer, à chaque étape, de l'état de la route que j'aurais à suivre le lendemain. C'est surtout vers la fin du pèlerinage que la chose me préoccupa, car mes pieds, devenus très sensibles, redoutaient le contact du moindre caillou.

Il était onze heures et demie quand j'arrivai au village des Minières. Me sentant faim, j'entrai dans la première auberge qui tendait son enseigne sur mon passage. Je n'y trouvai qu'une vieille servante ; elle me déclara, d'un air revêche, que ses maîtres étaient partis au marché dans les environs et qu'elle ne pouvait rien m'offrir à déjeuner, la maison ne contenant nulle victuaille.

— Bah ! dis-je en avisant des poules qui caquetaient sur le seuil, vous avez toujours bien des œufs. Faites-moi une omelette. Avec du pain, du fromage et une chopine de vin blanc, cela suffira.

Elle marmotta je ne sais quoi sans bouger. Evidemment, le besacier que j'étais ne lui inspirait aucune confiance. Alors j'eus recours à une ruse qui n'a jamais manqué de produire l'effet voulu. Je m'assis et, tirant de ma poche une pincée de monnaie où un louis luisait parmi cinq ou six pièces blanches, je feignis de m'absorber dans de profonds calculs. Changement à vue : la bonne femme se dérida, courut à la cave tirer une chopine et, me versant à boire, me promit une omelette de quatre œufs.

Tout en mettant le couvert, elle me posa la question obligée : qu'est-ce que je fabriquais sur la route, moi qui ne présentais pas l'aspect d'un de ces chemineaux qui l'arpentent, faute de sous pour prendre le train ?

Quand elle apprit que j'allais à Lourdes, elle se transfigura.

— Ah ! ça, c'est bien, c'est très bien, répéta-t-elle, moi aussi, j'aime la Sainte Vierge.

Et elle me montra un chapelet garni d'une médaille de l'Immaculée-Conception dont elle se signa. — Puis elle vola à la cuisine et m'en rapporta bientôt une omelette dorée et baveuse à souhait. Suivirent, sans que j'eusse rien demandé, un morceau de petit salé des plus appétissants, une cuisse de poulet froide où tremblotait de la gelée, une tendre salade de laitue et des fraises.

C'était à Notre-Dame de Lourdes que je devais **ce festin, car en me servant.** la bonne **vieille** me conta qu'elle était allée, six ans auparavant, en pèlerinage à la grotte miraculeuse et qu'elle y avait obtenu la guérison d'une fièvre intermittente dont souffrait l'une de ses petites filles.

— Eh bien, dis-je, puisque la Sainte Vierge vous favorise, demandez-lui, dans vos prières, qu'elle me protège le long de la route.

Elle me le promit et me demanda en retour de ne pas l'oublier quand je prierais moi-même à la grotte. Puis, ne sachant quoi inventer pour me faire fête, elle me proposa encore une foule de nourritures dont je n'avais pas besoin, étant fort suffisammment restauré.

Je repartis, après avoir payé la modeste somme de vingt-quatre sous pour ce repas vraiment confortable. Tandis que les kilomètres diminuaient vers Couhé-Vérac, je récitai les Vêpres de la Sainte Vierge. Le trajet me parut bref à m'évoquer mille images rêveuses autour des splendides antiennes qui parsèment ce radieux office.

Il était trois heures environ quand j'arrivai à l'étape. Selon une habitude inaugurée ce jour-là et dont je ne me suis jamais départi, je m'informai du presbytère. J'exposai au curé-doyen, **qui me reçut fort aimablement, mon projet de** pèlerinage et je lui demandai de m'indiquer une auberge. — Il me munit d'un mot de recommandation pour une veuve qui m'accueillit très bien et me désigna une chambre où un grand lit au matelas rebondi me promettait un sommeil réparateur. Mon premier soin fut de me déchausser et de vérifier l'état de mes pieds. Ils étaient en fort bon état. Pourtant le gros orteil gauche présentait une légère excoriation à la jointure. Je n'y attachai pas d'importance et j'eus tort, car c'était le prodrome d'une ampoule dont j'ai beaucoup souffert par la suite.

Je passai le restant de l'après-midi à l'église. Je remerciai la Sainte Vierge de m'avoir assisté pendant cette première journée de marche et je la suppliai de me continuer sa bienveillance. Rentré à l'auberge, je me couchai de très bonne heure et je m'endormis paisiblement après avoir médité ce beau passage de l'Epître aux Thessaloniciens : *Soit dans la veille, soit dans le sommeil, nous vivons avec Celui qui est mort pour nous.*

V

DE COUHÉ-VÉRAC A RUFFEC

10 juin.

Au réveil, je me sens frais et dispos — heureux de reprendre la route. Pendant les premiers kilomètres, j'admire les superbes noyers qui la bordent et, saluant le soleil dont les rayons amis jouent à travers les feuillages, je me remémore et me récite la première strophe de l'hymne qu'on chante aux *Laudes* du Carême :

> *O sol salutis intimis,*
> *Jesu, refulge mentibus,*
> *Dum nocte pulsa, gratior,*
> *Orbis, dies renascitur...*

« O Jésus, soleil de salut, répands tes rayons au plus intime de notre âme, à cette heure où la nuit ayant disparu, le jour renaît pour réjouir l'univers. »

Puis, selon la règle que je me suis imposée, je dis, à voix haute, la messe de la Sainte Vierge. Partout, des villages blottis dans la verdure, montent aussi des tintements de cloches qui sonnent pour la première messe. Je m'unis d'intention à tous les célébrants dont les prières s'élèvent à cette heure, comme les miennes, dans le ciel bleu. Il me semble que la récitation liturgique s'enfle d'une façon grandiose et va toujours s'élargissant jusque par-delà les horizons ; il me semble que j'entends l'Eglise universelle chanter la gloire de Dieu. Cette harmonie intuitive crée autour de moi une atmosphère tout embaumée d'oraison. Alors, comme j'ai fini de dire la messe, je prends mon chapelet et je le récite d'affilée en en appliquant les dizaines aux cinq mystères joyeux.

Ah ! ce sera le plus exquis souvenir de mon pèlerinage, celui de ces marches rythmées par une prière presque continuelle. Pareille à cette campagne que dore le soleil du printemps, mon âme se réchauffe au foyer des vérités éternelles et je sens les mains de la Sainte Vierge, ouvertes au-dessus de ma tête, me verser une douceur ineffable.

Ma joie est si grande que je crie de toutes

mes forces : — Merci, Notre-Dame de Lourdes !

Un cantonnier, que je croise à ce moment, s'arrête et me regarde d'un air ébahi. Il me prend, sans doute, pour un fou mais cela m'est égal. Car que pèse l'opinion des indifférents quand il s'agit de proclamer, comme je le fais, comme je le ferai toujours, les tendresses de la Bonne-Mère ?

Grâce à ce ravissement et à ces élans d'allégresse divine, j'ai couvert la moitié de l'étape sans, pour ainsi dire, m'en apercevoir. Voici le village des Maisons Blanches où, après avoir consulté la carte, j'avais résolu de déjeuner. Les maisons sont assez blanches de façade, en effet, mais, surtout, elles sont closes. En vain, je frappe à la porte de deux auberges, nul signe de vie. Il faut croire que tout le monde est aux champs. En serai-je réduit à pousser jusqu'à Ruffec, l'estomac vide ?

Une vieille femme finit pourtant par sortir d'un fournil ; mais à ma demande de quelque nourriture, elle répond par un refus énergique, en me déclarant, d'un ton quasi offensé, que ce n'est pas son métier de sustenter les passants. Je m'excuse et je m'enquiers du curé qui lui, je pense, accueillera le pèlerin. Sur quoi, la vieille daigne m'indiquer le presbytère.

J'y vais et je suis reçu par un bon prêtre à cheveux blancs qui, fort aimablement, s'empresse de me faire cuisiner, par sa nièce, des œufs sur le plat et une tranche de lard. Tout en expédiant mon repas, je cause avec le curé de Lourdes où il alla souvent et dont il me vante les merveilles. Bientôt je me lève de ma chaise pour repartir. Mais voilà qu'une douleur lancinante à l'orteil me force de me rasseoir. Ça y est : l'écorchure d'hier fait des siennes. Mes hôtes s'empressent. Sur leur invitation, je quitte ma bottine gauche et je découvre une large ampoule. On m'engage à séjourner aux Maisons Blanches jusqu'à ce qu'elle soit guérie. Ah ! non, par exemple : il ferait beau voir que dès le début de mon pèlerinage, je me laisse dorloter pour un aussi minime incident.

— Je perce l'ampoule, dis-je, et je reprends la route. Cela séchera en marchant.

Alors la charmante nièce du curé s'empare de mon pied, malgré mes protestations, et traverse l'ampoule d'un fil de soie en me recommandant de ne pas l'enlever avant que l'eau contenue dans cette absurde vésicule ne soit écoulée. Je le lui promets, puis ayant renouvelé la mayon-

naise de mes chaussures, après bien des re-
mercîments, je repars.

Les premiers pas sont assez difficiles; l'ampoule me cuit et me fait un peu boiter. Mais
bientôt cela s'échauffe : les lancinements cessent
et je pourrais reprendre mon allure habituelle
s'il ne me survenait une nouvelle tribulation.

Le temps tourne à l'orage. De grosses nuées
grises s'accumulent à l'occident, escaladent
lentement le zénith et cachent le soleil. Plus
un souffle d'air. Il règne une lourdeur suffo-
cante qui m'empêche presque de respirer et
qui rend la marche des plus pénibles. Hale-
tant, en sueur, j'arrive au bas d'une longue
côte, très abrupte. De penser qu'il va falloir la
gravir me casse les jambes. Justement, à droite
de la route s'élève un petit bois de charmes
plein d'ombre et de fraîcheur. Le sol en est ta-
pissé d'une mousse épaisse ; et c'est comme une
invite au repos. — Je ne puis résister à la tentation : j'entre dans le bois, je mets bas ma besace,
je m'étends sur cette couche moelleuse et je ne
tarde pas à m'assoupir.

J'avais bien tort de me laisser aller ainsi à
cette sieste fallacieuse. Car des expériences an-
térieures m'avaient appris qu'une fois en route

pour parcourir une étape déterminée, il vaut mieux l'enlever d'une seule traite que de la couper par des arrêts prolongés. Si l'on se repose un peu longuement, surtout si l'on cède au sommeil, les nerfs se détendent, les jambes s'engourdissent et lorsqu'on rouvre le compas, l'on n'est plus qu'un piteux traînard qui clopine en geignant.

Hélas, ce fut mon cas. Quand, secouant ma somnolence, je me décidai à repartir, au bout d'une heure environ, ma besace me parut peser cent kilos ; mes jarrets amollis fléchissaient sous moi et, par surcroît, l'ampoule détestable me taraudait l'orteil comme une lame de couteau.

Instruit par ce revers, je n'ai plus jamais cédé aux conseils de la paresse. Dans la suite, quelle que fût ma fatigue, même les pieds on ne peut plus douloureux, je me suis raidi pour aller jusqu'au bout de l'étape. Je n'en dormais que mieux une fois parvenu au gîte.

Mais ce jour-là, il fallut subir les conséquences de ma sottise, escalader cahin-caha la côte et boitiller, en soupirant, jusqu'à Ruffec où j'entrai fort tard et sous une pluie battante. Juste punition de mon manque d'énergie...

VI

RUFFEC

11 juin.

Il m'a fallu séjourner ici pendant vingt-quatre
heures. C'est que l'ampoule qui me taquinait
hier s'est déchirée. Il en résulte une petite plaie
qui saigne et m'endolorit la jointure de l'orteil.
En me reposant jusqu'à demain, j'espère qu'elle
se cicatrisera ou que, du moins, elle sera suffisamment améliorée pour me permettre de reprendre la route.

Cependant ce contre-temps m'attriste. Mon
imagination, qu'il ne faut pas grand'chose pour
mettre en danse, me peint en noir le reste du
voyage. Je me vois éclopé, forcé de prendre
le chemin de fer, débarquant à Lourdes avec
l'humiliation de m'avoir pas eu le courage
d'accomplir mon vœu.

Puis, comme il arrive toujours quand on se laisse aller à ces dépressions de la volonté, je me cherche des excuses : — Après tout, je ne pouvais pas prévoir que je me blesserais dès le début de mon pèlerinage! J'avais bonne intention. Ce n'est pas de ma faute si je tombe boiteux...

Et autres arguments du même acabit. Résultat immédiat : je suis sur le point de prendre en grippe le bâton et la besace. Je me vois, avec complaisance, assis dans le coin d'un wagon aux coussins douillets et roulant paresseusement vers Lourdes. Pour un peu, j'irais à la gare m'informer des heures de train...

Déjà je glisse sur la pente savonnée de la tentation quand, tout à coup, j'en distingue l'insidieuse perfidie.

— Hé, me dis-je, c'est tout simplement un tour que le diable cherche à me jouer. Faut-il que je sois bête pour m'y être laissé prendre, moi qui connais pourtant ses manières d'agir ! Non, mon vieux fourchu, tu ne m'attraperas pas. Maintenant que me voici averti, tu auras beau faire, tu ne déconcerteras pas le pèlerin. Dût-il laisser en route la peau de ses pieds, il ne te procurera pas le plaisir d'un triomphe si facile. — D'ailleurs, à y réfléchir, cette écorchure, c'est une épreuve salutaire et qui m'arme pour le futur. Quand j'ai conçu mon projet, je savais bien que j'aurais autre chose à faire que de me prélasser sur un tapis de velours. Donc à l'avenir, lorsqu'il me tombera quelque tuile, je l'accueillerai non comme une tribulation mais comme un moyen de vaincre ma paresse et l'inconstance de mes idées.

Content d'avoir paré la botte démoniaque, je tirai de ma besace une paire de pantoufles et, les ayant chaussées, je sortis de l'hôtel pour aller à l'église, où je corroborerais de quelques prières ma résolution.

Quand j'eus adoré le Saint-Sacrement et supplié la Vierge d'écarter de moi les tentations ou de m'aider à les vaincre lorsqu'il serait jugé Là-Haut qu'elles étaient nécessaires à mon perfectionnement, je méditai les préceptes que ma chère sainte Térèse inscrivit sur la feuille de garde de son bréviaire : *Que rien ne te trouble. Que rien ne t'épouvante. Tout passe. Dieu est toujours là. La patience obtient tout. Qui possède Dieu, rien ne lui manque. Dieu seul suffit. Ne se plaindre jamais de qui que ce soit ni de quoi que ce soit. Souffrir tout en silence et par amour.*

Qüel admirable résumé de la vie chrétienne. Et comme elle sut mettre en application ces maximes, la Sainte si vaillante, si confiante dans le secours divin, qui disait encore, tandis qu'elle préparait l'une de ses fondations les plus ardues : « Térèse et cinq sous ce n'est rien. Mais Dieu, Térèse et cinq sous, c'est tout. »

Sainte Térèse, fille bien-aimée de la Grâce, priez pour moi !...

Ces réflexions me remirent d'aplomb : j'avais bu le vin généreux de la saine doctrine, j'avais fait la nique au Mauvais. Tout allait on ne peut mieux.

Au sortir de l'église, je rencontrai le vicaire, l'abbé Goumain, jeune prêtre intelligent et lettré. Je me présentai à lui et il me fit fête beaucoup plus que je ne le méritais. Il m'invita à déjeuber au presbytère et me conta, d'une façon fort spirituelle, comment il s'était tiré des illusions peut-être généreuses mais très décevantes du Sillonisme.

VII

DE RUFFEC A MANSLES

12 juin.

Ce matin, la plaie de mon pied, quoique non guérie, marque une tendance à se cicatriser. D'autre part, l'étape d'aujourd'hui ne comporte que dix-sept kilomètres. Je me suis donc remis en marche avec l'espoir de redevenir bientôt tout à fait ingambe. En tout cas, j'ai récupéré mon énergie première et je me sens de nouveau vivifié par la nette intuition que j'irai jusqu'au bout de mon pèlerinage.

Tout en cheminant et après avoir dit *Tierces* et la messe de la Sainte Vierge, je relis une petite tirade maçonnique découpée hier dans un journal. La voici, dans toute l'ampleur de sa sottise ; elle provient d'un cours de pédagogie rédigé par un certain Dufresne, inspecteur de l'université :

« L'âme n'existant pas, la crainte de la mort disparaît. Il n'y a plus d'au-delà ni de peines supra-terrestres. L'homme est une forme passagère de la matière : l'âme n'a pas à errer dans une vie future. Le matérialisme fait renaître le calme dans les cerveaux troublés. L'homme peut relever fièrement la tête. Il n'a plus à se considérer comme un ange déchu. »

Remarquez d'abord le ton affirmatif du personnage. Il parle comme si d'avoir ressassé les fariboles chères aux pontifes du matérialisme lui conférait le *criterium* de la certitude. Ce ne sont point des hypothèses qu'il propose ; ce sont des ukases qu'il promulgue. Les primaires qui absorberont cette drogue ne se doutent pas que les axiomes du sieur Dufresne se peuvent traduire à peu près comme suit : Homme, réjouis-toi ; de par un décret des Loges, tu acquiers désormais le droit de vivre à quatre pattes, parmi les épluchures et, lorsque tu t'en seras rempli la panse jusqu'à l'indigestion, de considérer ton âme comme un cauchemar dont une purge prise à temps te débarrassera. Alors tu n'auras plus qu'à lever le museau vers le ciel et à pousser des grognements d'allégresse porcine.

Puis, pour mieux exalter un aussi charmant Idéal, Dufresne ne manque pas, selon la coutume de ses pareils, de falsifier la doctrine qu'il prétend combattre. En effet, où a-t-il vu que l'Eglise apprenait à l'homme à se considérer comme un ange déchu? Où est le texte sur lequel il s'appuie? Il serait fort embarrassé de le citer. Du reste, pour les sectaires diplômés de cette espèce, la bonne foi dans la discussion fait partie du bagage de sentiments religieux dont ils ont grande hâte de se décharger la conscience. Qu'il s'agisse d'exégèse ou d'histoire, leur objectif c'est de fausser l'interprétation des faits les plus évidents pour en tirer des arguments à l'appui de leur rage anti-chrétienne. Quel siècle que celui où l'on confie à de semblables répartiteurs d'orviétans charlatanesques le soin de former les intelligences! *Nous vivons dans un temps très ami de la fraude.*

Qu'y faire? — Démasquer les fraudeurs en les traînant à la lumière des Vérités éternelles...

Je jette au fossé le papier stupide. Puis, pour me remettre du dégoût qu'il m'inspira, je chante à plein gosier les strophes adorables de l'*Ave maris Stella*. Et c'est comme si je sortais d'une basse-cour encombrée de fumier pour entrer dans un parterre de roses au parfum véhément.

J'arrive à Mansles à peu près valide et je me fais indiquer tout de suite le presbytère. J'y suis on ne peut mieux accueilli par l'aimable curé doyen, l'abbé Brunet qui me confie que, depuis l'époque des apparitions, il n'a pas manqué une seule année de se rendre à Lourdes. Aussi approuve-t-il fort mon pèlerinage.

A l'hôtel, où, recommandé par lui, je suis reçu d'une façon confortable, une sieste réparatrice après un déjeuner plantureux me regaillardit. Mon pied ne va pas trop mal ; mon âme se porte à merveille. Une petite promenade me maintiendra dans cette bonne disposition.

Je gagne le pont qui traverse la Charente et je m'accoude au parapet. Peu profonde ici, la rivière laisse glisser ses eaux, d'un vert transparent, entre deux rives garnies de peupliers. De longues herbes aquatiques ondulent, comme des chevelures, selon les remous du courant qui mêle sa mélodie au friselis des feuillages. Que j'aime les peupliers : leur port élancé, l'élégance de leurs proportions, cette sensibilité qui les fait frissonner lors même que pas un souffle n'agite l'air, tout en eux me ravit. Ils me symbolisent telles âmes de poètes qui, comme eux, frémissent aux souffles de la vie et *veulent* palpiter dans la lumière.

Ce paysage d'une grâce si reposée me séduit tellement que je finis par descendre au bord de l'eau. Je m'assieds dans l'herbe qu'étoilent des boutons d'or et des scabieuses, je prends mon petit Office et je dis Vêpres à mi-voix, en réglant ma psalmodie sur le murmure des eaux et sur les chuchotements harmonieux des arbres.

Je m'attarde à méditer plus particulièrement le psaume 112 qui fut toujours un de ceux dont je retirai le plus de fruit. Construit tout en antithèses, il peint, par des images frappantes, le rien du tout que nous sommes vis-à-vis de l'immensité de Dieu. Il nous abaisse puis tout de suite il nous relève par l'affirmation qu'en restant dignes de la Grâce, nous mériterons une place en Paradis.

Tandis que je rêve autour de ces versets qui sonnent ainsi que des cloches d'or et des trompettes d'argent, une sorte de paraphrase me vient à l'esprit et se formule de la façon suivante :

Seigneur, tous les siècles sont de petits enfants qui célèbrent ta gloire.

Quand le soleil se lève, nos âmes sont des alouettes qui montent dans l'azur diaphane en chantant tes louanges.

Quand le soleil se couche, nos âmes sont des cailles qui se rassemblent pour t'invoquer contre les ténèbres, mères des mauvais désirs, et contre les pensées pécheresses.

Sans toi, nous sommes la poussière des routes et les tessons ébréchés qu'on jette aux ordures.

Eclairés par ta parole, nous découvrons, dès maintenant, les jardins d'arc-en-ciel où tu nous permettras de respirer, un jour, le parfum des fleurs que cultivent tes anges et tes saints, tes martyrs et tes vierges.

Et c'est pourquoi le pauvre pèlerin que tu protèges, t'offre, avec le cantique qu'il essaie de balbutier, les pompes flamboyantes du couchant, les soupirs limpides des peupliers, les reflets chatoyants de cette calme rivière et les vapeurs qui, à l'approche du soir, montent des prairies comme une fumée d'encens.

Gloire à toi, Seigneur : Père assis sur un trône de violettes, Fils étendu sur une croix d'aubépines, Saint-Esprit dont les ailes rayonnent, pareilles à des tulipes de lumière...

VIII

DE MANSLES A ANGOULÊME

13 juin.

Ce matin, à cinq heures moins un quart, me voici sur la route. De ce coup, mon orteil semble à peu près guéri. Aussi suis-je assuré de parcourir, sans être retardé par cette agaçante écorchure, les vingt-cinq kilomètres qui séparent Mansles d'Angoulême. L'étape sera couverte avant midi, ce que je trouve fort avantageux, car tout indique, dans l'aspect mat du ciel et dans la brume sèche qui monte de l'horizon, que, plus tard, il fera une chaleur torride.

Du reste, dès aujourd'hui, je prends la résolution de partir tous les jours de très bonne heure, de façon à éviter, autant que possible, les marches d'après-midi. En effet, j'ai remarqué que lorsque je m'arrêtais, ne fut-ce qu'une heure, pour prendre le repas du milieu de la journée, mes jambes s'engourdissaient et j'étais alourdi par la digestion, de sorte que la marche d'après midi était beaucoup plus pénible à accomplir que celle du matin. Enlever l'étape d'un seul effort est donc préférable.

On ne saurait croire combien il est important de prendre garde à tous ces détails. Si j'y insiste, c'est parce que les résultats de mon expérience pourront être utiles aux gens de bon vouloir qui se sentiraient la vocation de trimardeurs pour la Sainte Vierge.

Une autre recommandation qui a également son utilité. Marcher par une chaleur souvent très forte, avaler de la poussière pendant plusieurs heures donne soif. Or, si violente que soit la tentation de lamper un verre d'eau bien fraîche, en cours de route, il vaut mieux y résister, car la boisson absorbée se résout en sueur, ce qui débilite. En outre, cela enlève tout ressort aux jarrets. Et si vous saviez quel supplice c'est que de traînailler le long du chemin lorsque les jambes tendent à vous refuser le service ! — Si l'on a trop soif, on peut, comme c'était ma coutume, sucer une pastille de Vichy : cela entretient la salive.

De même, arrivé au gîte, ne pas absorber aussitôt une quantité de liquide anormale ; il s'ensuivrait presque certainement des crampes d'estomac. Pour moi, je me suis toujours très bien trouvé, à ce moment, de prendre un seul verre de vin coupé d'eau dans lequel je trempais une tranche de pain rassis...

En avançant, je croise assez fréquemment des femmes qui, chacune, mènent paître, le long des talus de la route, dix ou douze moutons. Certaines tricotent mais d'autres égrènent des chapelets. Celles-ci me font penser aux bergères que Dieu favorisa d'une mission. Sainte Geneviève, Jeanne d'Arc et aussi Bernadette. — C'est un épisode relativement peu connu de l'enfance de la Voyante des Roches Massabielle. On ne sait guère que pendant son dernier séjour, chez sa nourrice, à Bartrès, elle garda les brebis. J'emprunte à l'excellente relation de M. Estrade quelques détails significatifs à ce sujet : « Bien des gens, écrit-il, se souviennent encore, à Bartrès, de la petite pastourelle. On aime à s'entretenir d'elle et tous disent qu'elle était douce, souriante, pleine d'amabilité. Quand on la rencontrait dans les chemins, ussant devant elle son petit troupeau, chacun avait un mot sympathique à lui adresser et l'enfant d'y répondre avec une grâce et un à-propos qui charmaient. Un jour, le curé de la paroisse la vit passer à ses côtés et reçut son salut au moment où la petite bergère, une houssine à la main, se dirigeait vers les pacages du haut des plateaux. Il fut tellement frappé du regard si profondément pur de l'enfant qu'il se retourna à différentes reprises pour la voir s'éloigner. S'adressant ensuite à l'instituteur de la commune qui se promenait avec lui, il lui dit : — « Si le portrait que je me suis fait des enfants de la Salette est exact, cette petite bergère, à coup sûr, doit bien leur ressembler... »

Sainte Geneviève, Jeanne d'Arc ont sauvé la patrie. Bernadette ne fut-elle pas, un moment, la sauvegarde de la France, elle de qui Dieu se servit pour allumer le foyer de prières grâce auquel notre pauvre pays ne s'est pas encore dilué dans la boue du matérialisme total ? Ah ! les empiriques ne manquent point pour proposer des remèdes à nos maux : politiciens patentés, sociologues fiers de leur intelligence et de leur savoir, infatués de leurs systèmes. Leur confiance en eux-mêmes ne vaut pas la foi tranquille d'une petite bergère, aux yeux limpides comme une source de la montagne. et qui se contenta d'obéir à la Sainte Vierge. Aussi, quant à moi, je crois fermement que s'il est dans les desseins de Dieu que la France soit sauvée, ce sera par le fait de Lourdes et des miracles qui s'y renouvellent sans cesse.

Pensant à ces choses, j'arrive au bout de l'étape ; voici Angoulême sur sa colline escarpée. Je n'ai plus que le faubourg de l'Houmeau à traverser, une rude pente à gravir et je serai au but. — Je n'en serai point marri, car le soleil commence à chauffer d'une façon formidable.

IX

ANGOULÊME

14 juin.

Renseigné par le bon curé de l'Houmeau et par son aimable vicaire, l'abbé Cellou, je me suis logé dans un hôtel dont le propriétaire se trouve être lui-même l'oncle du curé de Lunas, petit village de la Dordogne où je devais passer deux jours par la suite.

Une valise, avec du linge et des vêtements de rechange, m'attendait à Angoulême. Je pus procéder à une toilette dont le besoin se faisait sentir, car la poussière et la sueur de la route m'avaient déjà donné l'aspect grisâtre et passablement baroque d'un parfait chemineau. Et ce n'était rien encore en regard de ce que je devins lorsque, plus tard, la boue s'ajouta à la poussière pour me couvrir d'un enduit dont nulle brosse n'aurait eu raison.

Une fois présentable, j'allai explorer la ville. Je m'attardai longuement à suivre la magnifique promenade qui lui forme une ceinture et d'où la vue s'étend à quarante kilomètres à la ronde. Rien de plus gracieux que le paysage qu'on découvre du haut de la colline assez élevée qui supporte Angoulême. En cette saison, les verdures gardent leurs teintes printanières, de sorte que les rayons du soleil y chatoient en mille jeux de clartés et d'ombres transparentes. On dirait qu'un large arc-en-ciel ondule sur les prairies et parmi les massifs d'arbres.

Mon arrivée ayant été signalée, je reçois force

visites et entre autres celle des professeurs de l'Institut Saint-Paul. Tout le monde se montre si charmant à l'égard du pèlerin que, pour reconnaître ce bon accueil, je me décide à rester deux jours à Angoulême. J'espère du reste que, grâce à ce repos, la plaie de mon orteil se cicatrisera complètement.

Une chose m'a surpris. C'est qu'ici, personne, jusqu'à présent, ne me semble se douter que Balzac a choisi Angoulême pour y placer l'action d'un de ses plus beaux romans : *Les Illusions perdues*. Moi j'y pense; en errant par les rues, je m'attends presque à rencontrer Lucien de Rubempré, la belle Ève et le terrible homme d'affaires Cointet. Pour un peu j'ébahirais les Angoumoisins en leur demandant où se trouvent la maison de Mme de Bargeton, la pharmacie de Postel et l'imprimerie de David Séchard.

C'est une des qualités du génie balzacien : il fait vivre d'une façon si intense ses personnages que ceux-ci nous semblent des figures avec lesquelles on a toujours vécu. Et l'œuvre de Balzac possède encore bien d'autres mérites. Dès la préface générale de *La Comédie humaine* et dans tous ses livres, il n'a cessé de défendre l'Eglise, de soutenir le principe d'autorité et de signaler les dangers de cet individualisme par quoi la société du XIXe siècle s'est vermoulue. Il a prédit la plupart des maux dont nous souffrons aujourd'hui. Enfin, personne mieux que lui n'a su établir l'anatomie des passions humaines.

Evidemment, ses analyses vont souvent très loin. Il n'a reculé devant aucune laideur quand il a voulu peindre nos travers et nos vices. Il n'en est que plus pénétrant comme moraliste. Et, en somme, quels que soient les sujets qu'il traite, il arrive à cette conclusion que seul le catholicisme nous vivifie, nous garde du triomphe des doctrines anti-sociales et nous arme contre l'avilissement des caractères et la corruption des mœurs qui constituent la tare essentielle des régimes issus de la Révolution.

Oui, dans son ensemble, l'œuvre de Balzac est saine et salutaire. Il est regrettable que maints catholiques de notre temps, trop épris de littérature à l'eau de rose et à l'huile d'amandes douces, lui fassent un grief d'avoir dit crûment et rudement la vérité.

Le Pèlerin a l'arrivée a Lourdes

15 juin.

Sur la demande de l'abbé Mesnard, chanoine de la cathédrale, je lui sers la messe dans la crypte de l'église de Notre-Dame d'Obezine. L'autel et le tabernacle sont en bois blanc, les ornements des plus simples. Nous sommes seuls, le célébrant et moi. Sous cette voûte surbaissée où règne un demi-jour vague, parmi cette solitude et ce dénûment, le Saint-Sacrifice prend un caractère d'humilité qui me convient fort. J'ai un peu l'impression d'être reporté au temps des catacombes et, d'autre part, je me dis que l'avenir est peut-être prochain où les catholiques n'auront même plus de telles pauvres chapelles pour y célébrer les offices. Qui sait, en effet, ce que nous réserve la persécution maçonnique? Par le fait des sectaires qui nous oppriment, il se pourrait bientôt que nous soyons obligés de nous réfugier, pour entendre la messe, dans des granges clandestines ou des caves secrètes. Certains optimistes ne veulent pas admettre cette probabilité. Mais lorsqu'on a vécu, comme moi, chez les héritiers de l'esprit révolutionnaire, on ne se fait pas d'illusions à cet égard. On sait que leur idée fixe, c'est l'abolition du christianisme et que tous les moyens leur seront bons pour la tenter. Parfois, ils y mettent de l'hypocrisie, parfois, ils usent de violence, mais leur objectif ne varie pas. Cependant l'Eglise ne peut pas périr. Si épais que soient les nuages accumulés par ses ennemis devant sa Face, tôt ou tard, elle les dissipera et rayonnera, glorieuse, jusqu'à la fin des âges.

Justement, Notre-Dame d'Obezine fournit l'exemple d'une résurrection de ce genre. Le sanctuaire primitif fut construit en 1570 pour abriter une statue miraculeuse de la Sainte Vierge découverte dans un buisson par une bergère qui menait paître ses moutons aux alentours de la ville. Un pèlerinage s'établit et prit, avec les années, tant d'extension qu'il fallut agrandir la chapelle. Ce qu'on fit en 1730.

Lorsque la Révolution éclata, le club des Jacobins d'Angoulême exigea la fermeture de la chapelle. Les objets du culte et la statue miraculeuse furent transportés au club qui tenait ses séances dans la cathédrale Saint-Pierre, affublée du titre de *Temple de la Raison*.

« Alors, dit la brochure à laquelle j'emprunte

ces détails, une pieuse femme, la veuve Thirion, eut le courage de se présenter au club et demanda au représentant du peuple, Romme, de lui remettre l'image de la Madone qu'on avait jetée dans un coin, en attendant qu'elle fût brûlée.

« Romme refusa d'abord et chargea de quolibets la suppliante. Mais celle-ci, sans se laisser abattre, revint à diverses reprises renouveler sa demande. Enfin Romme, fatigué de ses instances, lui permit d'emporter la statue.

« Ivre de joie, la veuve Thirion va la replacer sur son piédestal, dans la chapelle où, pendant quelques jours encore, elle a la consolation de venir en cachette s'agenouiller au pied de l'autel proscrit.

« Mais, bientôt, de nouveaux ordres furent donnés ; la statue fut reprise et, de la chapelle, on fit une grange à fourrages pour les chevaux de la République. Rapportée au club, l'image de Marie fut destinée au feu. Toutefois, l'homme chargé de ce soin, ayant reculé devant le sacrilège, se contenta d'enterrer la statue dans une petite cour située derrière la Sacristie de Saint-Pierre, avec le grand crucifix en bois de la cathédrale, également voué à la destruction

« C'est là que ces deux objets vénérés furent trouvés, peu de temps après, par des ouvriers qui faisaient des réparations dans le sol de la cour. Grande fut l'indignation des Jacobins ! La statue miraculeuse fut envoyée, séance tenante, aux fourneaux dans lesquels se fabriquait le salpêtre pour les armées de la République et livrée aux flammes.

« Celui-là même qui avait jeté la statue dans le feu osa la défier de faire un miracle. Mais aussitôt, le salpêtre entrant en fusion, un jet de flamme atteignit le malheureux au visage et le rendit aveugle... »

Peu de temps après, la chapelle était rendue au culte catholique. Une nouvelle statue remplaça celle qui avait été brûlée. Une tradition veut qu'un des bras de cette statue soit celui de l'image primitive qu'on aurait réussi à sauver du brasier.

Un vitrail de l'église actuelle commémore l'accident dont fut victime l'individu qui jeta la statue au feu. — Ce n'est pas manquer de respect à la Sainte Vierge — au contraire — que d'avouer qu'en cette peinturlure se révèle un art d'une qualité plus qu'inférieure...

L'après-midi, je vais me blottir dans un des

bas-côtés de la cathédrale. Là, mes prières dites, je me laisse aller à un courant de quiétude d'âme tout à fait délicieux. C'est si bon, lorsqu'on se sent en état de grâce, de s'ouvrir entièrement à l'influx du surnaturel. Les satisfactions qui nous viennent des sens gardent toujours quelque chose de trouble et de fébrile. Au contraire, les joies religieuses nous apportent une sérénité totale. La sensation de posséder Notre-Seigneur nous emplit le cœur et le cerveau d'une calme lumière. Si quelque tentation se présente à ce moment, l'effort est minime qui suffit à la rejeter. Toutes les pensées se tournent en images paradisiaques et en effusions d'amour vers le Saint-Sacrement. La Présence réelle s'irradie du tabernacle et nous enveloppe de douceur. On n'attend rien du monde ; on attend tout de Dieu.

Tel est mon état d'esprit. Et si, ce jour-là, je le goûtai d'une façon aussi intense, c'est parce que quand je m'agenouillai devant cet autel, je m'appliquai le précepte donné à la bienheureuse Marie-Marguerite par la maîtresse des novices de sa congrégation : « Allez vous mettre devant Notre-Seigneur comme une toile d'attente devant un peintre. »

— O mon Dieu, dis-je alors, je ne vaux pas
grand chose. Mais Vous le savez, à travers mes
faiblesses et mes incertitudes, je garde, du
moins, le sentiment que Vous êtes toujours
prêt à répondre à mon appel. Aussi, comme
Vous me récompensez chaque fois que je me
montre docile à vos enseignements! A peine
ai-je levé les yeux vers Vous que je vois votre
sourire adorable. Par votre Sainte-Mère, faites
que le pauvre pèlerin se conserve digne de la
grâce ineffable que Vous lui prodiguez de la
sorte...

16 juin.

L'abbé Duclaud, curé de Lunas, prévenu par
son oncle de mon passage à Angoulême, vient
me voir. Il insiste fort pour que, lorsque j'aurai
repris la route, je m'arrête à son presbytère.
— La carte consultée, je trouve la chose on ne
peut plus faisable J'en serai quitte pour gagner
Lunas par des chemins sous bois au lieu de
suivre la grande route jusqu'à Bergerac que
j'avais d'abord choisi comme gîte d'étape.

Tandis que nous allons et venons, en causant,
devant l'hôtel, un orage monte de l'horizon. —

Il éclata dans la nuit, gâta le temps et engendra les jours de pluie que j'eus à supporter par la suite.

X

D'ANGOULÊME A VILLEBOIS-LA-VALETTE

17 juin.

Parti à 5 heures. Ce matin, le ciel est gris et les nuées qui le couvrent ne tardent pas à se résoudre en une petite pluie fine dont nulle éclaircie à l'horizon ne semble présager la fin. Par surcroît, j'ai pris un chemin de traverse qui me fera gagner quelques kilomètres sur la grand'route mais où je patauge dans la boue épaisse que suscita l'orage de la nuit précédente. En outre, assez mal entretenu, il abonde en ornières, en flaques d'eau, en caillasses pointues.

Je devais bien m'attendre à ce que le beau temps ne durerait pas toujours. Aussi est-ce avec un certain stoïcisme que j'endosse mon imperméable. Mais alors un autre inconvénient ne tarde pas à se produire. Ce vêtement, qui me couvre du menton aux chevilles, me préserve, il est vrai, de la pluie. Seulement, très bon pour l'auto, il n'a pas été inventé pour la marche. Il pèse lourd et me tient si chaud que je me sens bientôt baigné de sueur. N'importe : trempé en dessus par l'eau du ciel, trempé en dessous par la transpiration, progressant avec difficulté sur le chemin abominable, je ne cesse pas d'avancer. C'est que, hormis le cas d'impossibilité totale, je me suis juré de poursuivre mon pèlerinage malgré toutes les anicroches : intempéries, ampoules, gîtes insuffisants, etc.

Rien ne procure de l'énergie comme une pareille résolution, surtout qu'elle se corrobore en moi de cette certitude, donnée par la Sainte Vierge, que tout ira bien et que j'arriverai au but sans avoir été entravé au delà de mes forces.

Selon ma coutume, lorsque la marche manque d'agréments, je chante à pleine voix *Magnificat* puis *Ave maris Stella* et je répète, plus particulièrement, l'adorable verset où se résume notre confiance dans la Bonne Mère :

Monstra te esse matrem...

Et le temps passe, et les kilomètres défilent, et je nargue les nuées spongieuses : En récompense, trois kilomètres avant un village du nom de Torsac, la pluie cesse. Puis je rencontre un petit paysan qui trottine dans la boue, portant un sac d'écolier et un grand parapluie, plus haut que lui, en sautoir. Je l'aborde et nous causons en cheminant côte à côte. Pas farouche, d'intelligence très éveillée, il m'explique qu'il habite une ferme située à deux kilomètres sur la droite. Tous les jours il fait ses dix kilomètres pour se rendre à l'école et pour en revenir. Entre temps, assisté d'un roquet, il garde les oies et une chèvre très capricieuse.

— Oui, mais, ajoute-t-il, elle est maligne et les oies aussi. Pas de danger qu'elles se laissent écraser par les autos. Dès qu'elles en entendent une faire pouf, pouf, elles se défilent sur le talus. Et les oies crient des sottises au chauffeur.

Je lui demande si cela ne lui semble pas trop pénible d'arpenter la route deux fois par jour quel que soit le temps.

— Non, me dit-il très simplement, j'ai l'habitude. Seulement, quand il y a de la neige, j'aimerais bien avoir un traîneau attelé d'un petit cheval. J'irais aussi vite qu'une auto, vous savez.

L'auto le préoccupe, en effet, beaucoup et il me prie, avec insistance, de lui en expliquer le mécanisme. C'est ce que je fais de mon mieux et je suis très étonné de son ouverture d'esprit et de l'ingéniosité de ses observations.

Je l'en félicite et il me répond gravement : — C'est que j'aime à me rendre compte. Je ne suis pas comme les poules. Elles sont bêtes, les poules...

Des pylones, en attente de fils électriques, jalonnent la route. Je lui demande : — Jusqu'où vont ces poteaux ?

Il rectifie : — Ce ne sont pas des poteaux, ce sont des pylones ; ils vont ainsi jusqu'à Bordeaux.

Il m'intéresse énormément ce petit bonhomme. D'abord, j'aime les enfants et ce m'est un grand chagrin que le Bon Dieu ne m'en ait pas accordé. Ensuite, je le répète, celui-ci fait preuve d'une intelligence remarquable. A peine s'il entre dans sa huitième année et il raisonne avec infiniment plus de jugeote que la plupart des enfants des villes.

Arrivés à Torsac, je l'embrasse, je lui donne une médaille de saint Benoît, emportée de Ligugé, et je lui recommande de prier pour moi.

Il me le promet d'un ton fort sérieux et nous nous séparons.

Dès la sortie du village, la pluie recommence. Cette fois ce n'est plus la brouillasserie du départ mais une averse drue et verticale qui tourne peu à peu au déluge. Puis le chemin devient de plus en plus exécrable, de sorte que j'entre à Villebois ruisselant et rompu de fatigue.

Je m'enquiers du curé ; j'apprends qu'il est au cimetière pour un enterrement. J'attends son retour, à l'abri sous le porche de l'église. Dès que je vois poindre sa tête aux cheveux blancs sous la pluie, je vais au-devant de lui, je l'aborde, je lui expose que je me rends à Lourdes à pied et je lui demande de me prêter un livre jusqu'au lendemain. Il m'offrit aussitôt une fort belle œuvre du P. Faber : *Tout pour Jésus*. Etant obligé de s'absenter, il s'excusa de ne pas me recevoir au presbytère. Mais il insista pour m'accompagner jusqu'à l'auberge qu'il m'avait indiquée et pour me recommander à l'hôtesse. J'eus beau faire, malgré la pluie persistante, il voulut descendre, avec moi, la rue, fort escarpée et changée, pour l'heure, en torrent, qui menait de son logis à mon gîte. Je voyais qu'il avait quelque chose à me dire et qu'il n'osait pas trop.

Enfin il se décida ; — Vous savez que Lourdes est encore loin, commença-t-il.

— Je le sais, monsieur le Curé, mais la Sainte Vierge me donnera des jambes.

— A coup sûr. Seulement il ne faudrait pas que vous vous trouviez sans ressources. Tenez, laissez-moi vous remettre trois francs ; cela vous aidera toujours un peu...

Je me récriai, lui affirmant, ce qui était la vérité, que je n'avais besoin de rien. Mais il paraissait peiné que je n'acceptasse pas son aumône. Il fallut lui prouver que je possédais largement la somme nécessaire pour aller jusqu'à Lourdes.

J'ai appris, à l'étape suivante, que ce cher curé était fort pauvre, d'autant qu'une ardente charité le faisait, sans cesse, se dépouiller de ses minces ressources.

— Ces trois francs, me dit-on, qu'il voulait vous donner, c'était peut-être tout ce qu'il possédait en ce moment.

Que de fois, pendant le reste de mon voyage, j'eus, comme on le verra, l'occasion d'éprouver les vertus pratiquées par cet admirable clergé de campagne que les insensés démoniaques qui tiennent le pouvoir voudraient traquer ainsi que des bêtes fauves.

A l'auberge, je vérifiai l'état de mes pieds. Malgré la route abominable, point d'ampoules nouvelles ; l'orteil gauche saignait un peu ; j'avais les chevilles enflées — mais, en somme, rien de trop grave. Un bon repos réparerait tout cela. De fait, j'ai rarement dormi comme cette nuit-là. — Cependant la pluie tombait toujours.

XI

DE VILLEBOIS LA-VALETTE A RIBÉRAC

18 juin.

Au réveil, la pluie tombe encore, implacable, comme si toutes les cataractes du ciel avaient fait vœu de s'épuiser sur le pèlerin. Et l'étape comporte trente kilomètres par des chemins qui, me dit-on, continuent d'être fort mauvais.

Tant pis, je partirai quand même. Comme il n'y a pas moyen d'ouvrir mon *Petit Office* et d'y lire, suivant ma coutume, la messe de la Sainte Vierge, car cette eau flagellante mettrait le volume en pâte, je me borne à réciter, de mémoire, les Litanies. C'est alors comme si je me créais un ciel tout bleu, tout tiède et tout diaphane où scintillerait doucement ma belle Etoile du Matin. Mon corps regimbe contre l'intempérie et voudrait bien s'y dérober. Mais mon âme ne l'entend pas ainsi. Elle lui résiste de toutes ses forces et engage avec lui le dialogue suivant :

Le corps : — Cela n'a pas de bon sens de s'entêter à rester dehors par un temps pareil. L'eau me coule de la nuque au talon et je vais attraper un rhumatisme.

L'ame : — Ce qui n'aurait pas de bons sens, ce serait de t'écouter, toi qui geins pour le plus léger déboire.

Le corps : — Mais non, tu m'as rendu fort endurant. Si, cette fois, je me plains, c'est parce que j'appréhende de tomber perclus. Tu seras bien avancée quand il faudra m'embobeliner de flanelle et me prodiguer les frictions. Tu verras, tu verras, nous échouerons dans quelque hôpital.

L'AME : — Nous n'échouerons nulle part. Et quand le soleil reparaîtra, ce qui arrivera un jour ou l'autre, tu en apprécieras d'autant plus la chaleur que tu auras davantage grelotté sous l'averse en soupirant après son retour. D'ailleurs tu n'es jamais satisfait ; s'il fait beau, tu récrimines contre la poussière ; s'il pleut, tu te lamentes à cause de l'humidité... Aussi je ne te céderai pas, sachant qu'à te mortifier j'acquiers une énergie nouvelle.

LE CORPS : — On ne peut cependant pas tenter l'impossible ! Tiens, tiens, voici maintenant que les maudits cailloux qui parsèment cette route diabolique font exprès de me meurtrir les pieds... Vlan, ça y est : je sens que la plaie de mon orteil gauche s'est rouverte. Ce coup-là, il faudra bien nous mettre en quête d'un abri quelconque, ne fut-ce que pour examiner la blessure.

L'AME : — Pas du tout ; nous examinerons ce qu'il en est à Ribérac et non avant. D'ailleurs, à force de marcher tu verras que l'épiderme de tes pieds prendra la consistance d'un cuir d'hippopotame et que tu pourras bientôt fouler les pierres pointues comme si elles formaient un tapis de mousse.

LE CORPS : — Oh! regarde la jolie petite maison, à droite de la route ; comme elle est bien close. Une vieille dame, à la mine fort aimable, soulève le rideau de la fenêtre pour nous voir passer. Je parie qu'elle serait enchantée de me laisser me sécher un peu au coin du fourneau de sa cuisine. Remarque comme la cheminée fume : la couleur de cette fumée indique un excellent feu de bois qui me ravigoterait pour le reste de la route.

L'AME : — Cause toujours, mon bonhomme ; je ne t'écoute pas.

LE CORPS : — Oh ! là, là ! la pluie redouble.

L'AME : — *Rorate cœli !...*

LE CORPS : — J'absorbe plus d'eau que je n'en puis supporter.

L'AME : — *De torrente in via bibet.*

LE CORPS : — Que le pied gauche me fait souffrir ; je saigne et je boite !

L'AME : — *Salus infirmorum, ora pro nobis...*

A la fin, le corps dompté fait silence. C'est en vain que les rafales redoublent ; c'est en vain que les ornières et les cailloux se multiplient : mon âme, rendue plus robuste par cet exercice de la volonté, plane joyeusement au-dessus des contingences. Tant il est vrai qu'à tout effort sincère pour vaincre les faiblesses de notre humanité, la Sainte Vierge répond par un surcroît de force surnaturelle.

Ayant résisté de la sorte à la tempête, je ne suis tout de même pas fâché d'arriver à Ribérac et j'avoue que l'escalade de l'interminable rue qui monte vers le centre de cette petite ville me paraît longue. Je m'informe de M. Odone, avocat, qui, prévenu de mon passage par le curé de Lunas, son ami, tient à me donner l'hospitalité. On m'indique sa maison que je gagne clopin-clopant. Quelle exquise réception dans cette famille de bons catholiques. Tout le monde s'empresse pour me saluer, me réconforter et me faire fête. S'ensuit un repas plantureux. Puis une sieste réparatrice dans un bon lit m'enlève le plus gros de ma fatigue. Le soir, Mme Odone, M. Odone, l'abbé Duclaud et moi, nous causons littérature. Et — chose rare en province — je trouve des interlocuteurs avertis qui goûtent Baudelaire, Balzac et les meilleurs parmi les écrivains d'aujourd'hui.

J'ai noué ainsi sur ma route quelques amitiés qui me demeurent fort précieuses. Jamais je n'ai mieux senti la force du lien qui unit, par une foi commune dans les Vérités éternelles,

tous les catholiques. Traçant ces lignes, je revois
la famille Odone, le mari en qui la vivacité de
l'intelligence s'allie à une grande bonté ; la
femme, très simple et que sa culture n'empêche
pas de mener admirablement sa maison. Et
les chères petites filles qui ouvraient de si grands
yeux tandis que je racontais quelques épisodes de
mon voyage et qui prièrent de si bon cœur pour
le pèlerin de la Sainte Vierge.

Ce sont là de très doux souvenirs et comme
j'en compte assez peu dans mon existence.

XII

DE RIBÉRAC A LUNAS

19 juin.

Le temps est fort douteux lorsque je me
remets en route, ce matin. Aussi, je me prépare
à de nouveaux déluges. Ils ne tardent du reste
pas : A peine suis-je à une lieue de Ribérac,

que les nuées basses se résolvent en pluie et maintenant, j'en aurai pour toute la journée. Ajoutez que jusqu'à Lunas l'étape à couvrir est de quarante-deux kilomètres : ce sera la plus longue du pèlerinage. Néanmoins, je décide de l'accomplir dans la journée, quitte à m'arrêter pour déjeuner à Mussidan qui se trouve à vingt-six kilomètres de Ribérac. De la sorte, j'aurai fait, le matin, le plus gros de la marche et je calcule que j'arriverai à Lunas vers quatre heures de l'après-midi. La chose est fort réalisable, d'autant que j'ai la sensation d'être parvenu au maximum de mon entraînement et que, d'autre part, le charmant accueil de la famille Odone m'a tout réconforté. Il y a bien ce maudit orteil blessé qui rend les premiers pas assez douloureux ; mais cela ne tarde pas à s'échauffer et alors je pérégrine comme si nulle blessure ne m'était jamais survenue.

Je me laisse d'abord mouiller par la pluie sans dérouler mon imperméable, car ce vêtement me tient si chaud par ces averses, qu'aggrave une température orageuse, qu'à la longue, le garder quelques heures sur le dos devient un véritable supplice. Je commence à estimer préférable d'être transpercé par l'eau du ciel que baigné d'une sueur abondante et qui ne sèche plus jusqu'à la fin de la marche.

Enfin, comme la pluie se fait plus drue, je me décide à endosser cette carapace de caoutchouc ; mais c'est plutôt pour protéger les objets contenus dans ma besace qui commence à se tremper que pour me garantir moi-même. Cet épisode me remémore un incident de ma vie militaire.

Une année, le régiment de cuirassiers où je servais quitta notre garnison d'Angers pour aller faire les grandes manœuvres en Vendée. Dès le départ, le temps se mit à la pluie et ne s'améliora guère jusqu'au retour. Notre colonel, fort brave homme, mais qui estimait, avec raison, qu'il faut apprendre l'endurance aux troupiers, ne donnait l'ordre de dérouler les manteaux, pliés sur les paquetages, que lorsque nous avions subi l'averse pendant plusieurs heures. Or, neuf fois sur dix, comme par une dérision du ciel, l'averse cessait quelques minutes après que nous avions revêtu nos vastes houppelandes à pèlerines. Pour nous, qui nous étions rapidement accoutumés aux intempéries quotidiennes, cela n'avait pas grande importance ; mais il y avait les cuirasses qui, dans l'intervalle, s'étaient rouillées, et qui exigeaient un surcroît d'astiquage dont nous maugréions fort. Chaque matin, au rassemblement, on se demandait si ce jour-là, sous la pluie persistante, les manteaux seraient déroulés tout de suite, ou si, comme de coutume, il faudrait attendre que nous n'eussions plus un fil de sec sur le corps. Hélas, notre espoir fut toujours déçu. Je dois, du reste, dire que le colonel donnait l'exemple et se laissait tremper avec un stoïcisme parfait...

Ragaillardi par ce souvenir de ma jeunesse, j'allonge le pas et, pour me maintenir en allure, je fredonne diverses sonneries du régiment, telles que le défilé au galop, la retraite en fanfare et le salut à l'étendard.

C'est ainsi que j'arrive à Mussidan où, en l'absence du curé, je suis reçus par un jeune vicaire fort aimable qui m'invite à déjeuner et emploie beaucoup d'éloquence à me convaincre que je ferais bien de rester au presbytère jusqu'à demain. Cela serait assez tentant, car je viens de découvrir qu'une ampoule s'est formée sous la plante de mon pied droit et, de plus, le fatidique orteil gauche saigne tant qu'il peut. N'importe, je ne céderai pas : j'ai dit que j'irais jusqu'à Lunas, j'irai jusqu'à Lunas. D'un fil de soie graissé, je perce l'ampoule, je renouvelle la mayonnaise de mes chaussures, je recharge ma besace, je brandis ma canne à pique et en route, le pèlerin !

Comme une brève éclaircie s'est faite dans le ciel pluvieux, le vicaire m'accompagne pendant trois kilomètres. Puis me voici de nouveau seul sur la route changée en un lac de fange où de grosses pierres aux angles aigus, émergent comme des îlots. En outre, l'averse recommence et il règne une lourde chaleur qui me met-trait fort mal à l'aise si je ne me réfugiais dans une prière ininterrompue.

En effet, tout est là : quand on a pris l'habi-tude d'offrir ses peines et ses tribulations au Bon Dieu, quand on oppose à la fortune ad-verse, cette acceptation des croix qu'on obtient par la pratique de la vie intérieure, il se forme en vous un état d'âme que je pourrais qualifier de *résistant.* Les contre-temps vous stimulent au lieu de vous entamer. On oublie de se plaindre et l'on s'absorbe tellement dans l'orai-son que, pour un temps, les déboires matériels ne mordent plus sur vous. Ah ! c'est que dès que nous risquons pour deux sous de volonté au service du Bon Dieu nous en sommes immédiatement remboursés au centuple, en paix de l'esprit et en ravissements vers les choses d'En-Haut.

C'est pourquoi, tandis que la tourmente fait rage, tandis que les pierres de la route me meurtrissent les pieds, je vais toujours, une lumière dans l'âme et la bouche débordante d'*Ave Maria*.

Le paysage change ; j'entre dans une région sylvestre qui, par ses chênes et ses bouleaux, me rappelle ma chère forêt de Fontainebleau. L'odeur des bois me flatte les narines, les frondaisons qui s'égouttent en cadence me réjouissent les yeux. Une fois de plus, je constate que ma patrie est sous les arbres. De m'enfoncer dans des futaies de plus en plus épaisses me donne une vigueur plus grande. C'est en vain que la pluie me perce jusqu'aux **os**, c'est en vain que le chemin devient presque impraticable, j'avance avec allégresse, tant il m'est salubre de respirer l'arome de la forêt et de saluer mes frères à la chevelure de feuillages.

Mouillé, boueux, boiteux, content tout de même d'avoir accompli la tâche que je m'étais fixée, j'arrive enfin à Lunas juste à temps pour

découvrir que la semelle de ma bottine gauche
a pris le parti de me fausser compagnie. L'abbé
Duclaud m'attendait avec impatience. Nous
nous embrassons et, bien que je proteste, il
veut, tout de suite, panser, lui-même, les plaies
de mes pieds.

XIII

LUNAS

20-22 juin.

Je garde un bien charmant souvenir des deux
jours passés au presbytère de Lunas, en compagnie de l'abbé Duclaud. Celui-ci me témoignait une affection qui m'allait au cœur. Il ne
savait qu'inventer pour me remettre de mes
fatigues et il me prodiguait des soins vraiment
fraternels. C'est ainsi qu'il usait d'une eau ci-
catrisante, due à une bonne sœur de l'hôpital
de Ribérac, pour panser mes pieds saignants et

qu'il s'inquiétait sans cesse de me nourrir d'une façon réconfortante. Chez lui, comme en d'autres endroits, la charité chrétienne s'exerça en ma faveur dans toute son effusion.

Et puis l'abbé Duclaud est un lettré avec qui je pus causer de poésie et échanger des vues sur les doctrines littéraires dont s'enticha le XIXe siècle.

Nous sommes allés visiter ensemble un de ses enfants de chœur, alors très malade, et à qui pensait-il, l'assurance, donnée par moi, que je prierais pour lui à Lourdes, ferait du bien. — Je revois la chambre obscure où le pauvre petit malade gisait sur son lit de douleur. Le spectacle de cette figure plus pâle que la cire d'un cierge et de ce corps si maigre me remplirent de pitié, au point que j'en avais les larmes aux yeux. L'enfant montrait, du reste, une résignation admirable. Son sourire offrait quelque chose d'angélique lorsqu'il me remercia de l'intérêt que je lui témoignais.

Une fois à Lourdes, je ne manquai pas d'invoquer la Sainte Vierge à son intention et j'eus le plaisir d'apprendre, par une lettre de l'abbé Duclaud, qu'il avait guéri et que son rétablissement complet s'était opéré avec une rapidité extraordinaire. Grâces en soient rendues à Notre-Dame des petits enfants.

Une chose dont je fus frappé à Lunas, c'est que la foi des paysans y était demeurée entière. Ce dimanche 21, à la grand'messe, l'église était pleine : tout le village, hommes et femmes, se trouvait là. Le curé m'apprit qu'il en était toujours de même et que, parmi ses paroissiens, il y en avait à peine deux ou trois qui ne pratiquassent point. Je ne pus m'empêcher d'établir une comparaison entre la dévotion de ces bons Périgourdins et l'indifférence religieuse manifestée par la plupart des paysans de la région de Fontainebleau. Je connais certains villages de Seine-et-Marne où, durant un séjour de plusieurs mois, je n'ai jamais vu plus de six personnes à la messe : Arbonne, par exemple. Ce n'est pas qu'ils se montrent hostiles ; au contraire, ils déclarent aimer et estimer leur curé. Ils se font marier et enterrer à l'église. Mais cette marque de déférence, quasi-machinale, donnée à la religion, ils vivent dans une épaisse atmosphère de matérialisme dont il faudrait, semble-t-il, un miracle pour les sortir.

L'après-midi du dimanche, nous fîmes au-dehors la procession de la Fête-Dieu. Le temps s'était remis au beau et l'on avait élevé un reposoir sous de grands ormes qui bordaient une prairie en fleurs. Là encore, nul ne s'était dérobé : le maire et les adjoints tenaient les cordons du dais ; tout le village escortait le Saint-Sacrement en chantant des cantiques.

Pour moi, j'éprouvais une joie intense à confondre mes prières avec celles de ces Simples. Car rien ne vaut ces occasions de se refaire une âme enfantine où l'orgueil, si dur à déraciner, de l'écrivain et la suffisance de l'intellectuel, enclin à se pavaner parmi les philosophies, n'ont point de part. Au moment de la bénédiction, tandis qu'agenouillé dans l'herbe fraîche, je méditais les paroles pénétrées de pensive adoration du *Tantum ergo*, je sentis s'affirmer en moi l'espoir que bientôt, le Bon Dieu me détacherait complètement de la vie mondaine et que ce pèlerinage, pendant lequel je vouais presque toutes mes heures à la prière, n'était qu'un premier pas vers une existence consacrée plus encore au service de l'Eglise.

— Puisse, me dis-je, la Sainte Vierge, m'éclairer sur la voie que j'aurai désormais à suivre. Puisse-t-elle, sur la route comme à Lourdes, me maintenir dans cette foi tranquille qui, selon la superbe définition de l'Epître aux Hébreux, « nous rend présentes les choses qu'on espère et nous convainc de celles qu'on ne voit pas ».

Le soir, je me préparai à mon départ du lendemain. Comme je l'ai dit, mes chaussures, après un vaillant service, tombaient en ruines : les chemins exécrables que j'avais dû suivre depuis Angoulême leur avaient donné le coup de la mort. Heureusement, ma valise m'avait rejoint ; j'en tirai une seconde paire de bottines que j'oignis d'huile de pied de bœuf en attendant la mayonnaise à l'intérieur.

Naturellement, mes pieds n'étaient pas guéris ; mais ils étaient loin d'être en assez mauvais état pour que je prolongeasse mon séjour à Lunas. Aussi, malgré les instances de l'abbé Duclaud qui, par sollicitude, voulait que je prisse encore un ou deux jours de repos, je déclarai formellement que je repartirais le lendemain.

D'ailleurs, je le note ici une fois pour toutes, à mesure que j'approchais de Lourdes, je sentais comme un aimant qui m'y attirait d'une façon de plus en plus impérieuse et je me reprochais presque de multiplier par trop les arrêts. Et puis quel que fût l'attrait que je trouvais auprès des belles âmes qui m'accueillaient avec une si parfaite charité, mon penchant essentiel demeurait vers cette solitude parée d'oraisons dont je goûtais les douceurs pendant mes longues marches.

XIV

DE LUNAS A EYMET

22 juin.

Ma valise m'ayant rejoint à Lunas, l'abbé Duclaud, qui tient à me faire un peu la conduite, et moi, nous prenons une carriole pour la transporter à la gare de Prigonrieux et l'expédier vers Lourdes. Puis nous congédions le véhicule et nous nous acheminons vers un bac qui traverse la Dordogne. Au bord de l'eau s'élève une statue de Notre-Dame des Champs. D'un commun accord, nous nous arrêtons devant cette image et nous récitons un *Sub tuum* pour demander à la Sainte Vierge qu'elle me continue sa protection pendant le reste du pèlerinage.

Le bac où nous nous embarquons est dirigé par une robuste jeune fille dont la dextérité m'ébahit. En effet, la rivière, enflée par les pluies des jours précédents, roule ses eaux d'une façon si impétueuse, qu'il me semble impossible que nous ne nous en allions pas à la dérive. Mais la batelière, debout à la poupe, manie sa godille avec tant d'adresse, elle s'y prend de telle sorte pour couper le courant formidable, qu'en un clin d'œil nous abordons à l'autre rive au point juste qu'elle nous désigna en partant. Beaucoup d'hommes envieraient les biceps de cette gaillarde qui, nous dit-elle, n'est âgée que de dix-huit ans.

Le curé m'accompagne jusqu'en vue d'un bourg nommé Sigoulès. A cet endroit, m'apercevant que, moins entraîné à la marche que moi, il commence à se fatiguer, j'exige que nous nous séparions. D'ailleurs, de gros nuages noirs montent du sud-ouest et préparent un nouveau déluge. Puis il règne une chaleur orageuse qui nous fait suer à grosses gouttes. Après nous être embrassés et avoir échangé la promesse de prier l'un pour l'autre, nous nous séparons en nous donnant rendez-vous à Lourdes où l'abbé Duclaud doit venir en juillet, avec le pèlerinage du diocèse de Périgueux.

Que la Sainte Vierge fut bonne de susciter, sur ma route, tant de cœurs affectueux et d'amitiés empressées et qu'elle est admirable cette religion catholique qui, de deux hommes, hier inconnus l'un à l'autre, fait, en quelques heures et par la vertu d'une foi commune, deux amis dont les prières s'unissent pour monter comme un seul encens vers Notre-Seigneur. Ainsi se prolongent dans le surnaturel des affections que ni le temps ni la distance ne peuvent affaiblir...

J'avance avec quelque difficulté, quoique la route, bien entretenue, ne m'oppose point d'ornières fallacieuses ni de cailloux blessants. C'est que l'atmosphère pesante rend la respiration difficile. Aussi, contre mon habitude, je fais des haltes assez fréquentes.

A un moment où je me sens presque défaillir, je m'appuie contre le mur bas et moussu du cimetière d'un petit village que je viens de traverser et je pose ma besace sur la crête. Tout en reprenant haleine, je considère les tombes et ma pensée s'en va chez les morts.

Combien j'aime ces cimetières de campagne qui, parmi les fleurs sauvages et les arbres agrestes, offrent un aspect de jardins paisibles où l'on cultive, avec douceur, l'idée de la résurrection. Les cimetières des villes, surtout ceux de Paris, présentent toujours quelque chose d'administratif qui contrarie le recueillement. Les tombes numérotées, les avenues bien raclées, les gardiens en uniforme, tout vous reporte au train-train machinal de la vie quotidienne.

A la campagne, au contraire, les morts sont chez eux ; les rumeurs et l'agitation des vivants ne viennent point les troubler. Les seuls bruits qui planent sur leur sommeil, ce sont les roucoulements des ramiers et le murmure mélancolique des brises indolentes. Et il semble que des anges gardiens se balancent parmi les liserons et le branchage des pins.

Ma rêverie s'enfonce dans les royaumes des morts. Je pense à mes défunts, à ma chère femme — enterrée, elle aussi, dans le cimetière d'un lointain village, — à Huysmans, à Coppée, à tous ceux dont la souvenance frémit en moi comme un chant de harpe éolienne. Puis je prie pour les morts oubliés, pour ceux dont personne ne vient plus visiter la tombe. Et encore je prie pour les pauvres âmes du Purgatoire en commentant, à leur intention, le sublime *Memento* de la messe : — Seigneur, sois à ceux qui expient leurs péchés avec l'espoir de contempler un jour ta Face, une paix dans les angoisses du remords, une lumière dans les ténèbres, un rafraîchissement dans les flammes...

Comme il ne cessa de m'arriver, la prière me rend des forces. Je ne sens plus l'orage qui pèse sur ma tête et c'est d'un pas allègre que j'enlève la fin de l'étape.

Entré dans Eymet, je vais droit au presbytère. Introduit auprès du curé, l'abbé Landon, je trouve un homme bouleversé. Par je ne sais quel contre-coup de la loi de séparation, on vient de lui signifier d'avoir à déguerpir. C'est un tour que lui joue le maire de l'endroit — protestant doucereux, paraît-il, et dont l'esprit persécuteur prend des formes melliflues.

Le pauvre curé, installé depuis un an à peine, n'en revient pas. Le voyant si préoccupé, je m'excuse de l'avoir dérangé et je veux me retirer. Mais l'abbé Landon n'entend pas de cette oreille : — Non, non, me dit-il, vous logerez ici jusqu'à demain. Car voyez comme Dieu est bon. A la minute même où il m'éprouve, il m'envoie, pour me consoler, un pèlerin de la Sainte Vierge. Il ferait beau voir que je ne l'accueille pas.

Et il m'enlève mon bâton et ma besace, et il m'installe avec tant de sollicitude, que, le soir, au salut du Saint-Sacrement, je ne puis que prier de tout cœur pour que Dieu lui ménage les tribulations...

Les miennes vont peut-être recommencer, car si, d'une part, mes pieds, grâce au pansement de l'abbé Duclaud, ne saignent pas trop, d'autre part, en me couchant, j'entends la pluie battre le toit, ce qui me fait augurer que demain il faudra redevenir aquatique. — Enfin qu'il soit fait selon la volonté d'En-Haut.

XV

D'EYMET A MARMANDE

23 juin.

Comme j'avais dit au bon abbé Landon que j'aimais à recevoir la communion avant de commencer l'étape, il a voulu absolument se lever à quatre heures, le matin de mon départ, pour me la donner. Qu'il en soit remercié ici une fois de plus.

Muni de ce viatique, je reprends la route par un temps de chaleur orageuse et de lourdes averses qui me déprimerait fort si je n'avais, pour me soutenir, l'habitude de la prière. En transcrivant et en commentant les notes quotidiennes prises au cours de mon pèlerinage, je reviens sans cesse sur cette endurance due à la prière. C'est qu'en effet, celle-ci constitue le meilleur des réconforts. Par elle, on se maintient dans le sentiment d'être toujours en présence de Dieu. Il en résulte cette grâce que, ne se confiant point en la seule énergie physique pour surmonter les obstacles et tenir tête aux défaillances corporelles, on obtient de les considérer comme peu de chose et par suite de les vaincre sans trop de peine.

C'est ainsi que ce jour-là, malgré la fatigue croissante et l'influence débilitante de la température, je me maintins l'âme en joie ; je réussis à m'abstraire des contingences et, offrant mes fatigues à la Sainte Vierge, je ne cessai de chanter *Ave maris Stella* et *Magnificat*. Par là, je mis à rien maintes tentatives du Mauvais pour me décourager. C'est en vain qu'il essayait des mouvements tournants dans le but de me persuader de jeter le manche après la cognée et de courir à la plus prochaine station pour grimper dans un train. Si, pendant quelques minutes, je prêtais l'oreille avec complaisance à ses suggestions, je ne tardais pas à me ressaisir et à le faire battre honteusement en retraite. Et afin de me stimuler encore davantage, je me répétais, aux intervalles de mes cantiques, ces paroles de *l'Imitation* :

« L'amour de Dieu ne sent point le fardeau qu'il porte, il compte pour rien sa peine ; jamais il ne s'excuse sur sa faiblesse parce qu'il se croit tout possible et tout permis.

« Il est, en effet, capable de tout, et il réalise ses desseins dans des circonstances où ceux qui n'aiment pas Dieu perdent courage et demeurent dans l'abattement ».

Et comment serais-je venu à bout de mon pèlerinage si je n'avais pas eu l'amour de Dieu ? Je n'avais point entrepris une partie de plaisir mais bien une œuvre de pénitence. Les intempéries m'éprouvaient ; les plaies de mes pieds me faisaient souffrir ; énervé par la marche et le changement continuel de gîtes, je dormais à peine et je ne mangeais guère. Eh bien, je demeurais dans une paix confiante et joyeuse, grâce à l'Eucharistie, grâce à ma foi dans la Sainte Vierge, grâce enfin à cette prière incessante par laquelle je vivais en Dieu, si multipliées que fussent les difficultés de la route.

Arrivé à Marmande j'allai visiter l'église, suivant ma coutume.

J'y admirai plus particulièrement un autel — du XIVᵉ siècle, je crois — chargé de sculptures fort curieuses et le cloître qui entoure l'église. Elle s'élève sur un monticule d'où l'on jouit d'une vue très remarquable. Je ne m'attardai pas à parcourir la ville, car elle est pavée de cailloux pointus dont mes pauvres pieds eurent fort à souffrir. Confiné à l'hôtel, j'employai l'après-midi à écrire aux amis dont les prières m'accompagnaient dans mon pèlerinage.

XVI

DE MARMANDE A CASTELJALOUX

24 juin.

Au cours de cette étape, la protection que m'accordait la Sainte Vierge se manifesta de la façon la plus évidente. J'étais parti de Marmande fort mal à l'aise, après une nuit insomnieuse où je n'avais, pour ainsi dire, pas reposé. En outre, il faisait un froid humide ; il commença de m'éprouver lorsque je passai sur le beau pont suspendu qui traverse la Garonne à la sortie de la ville. J'eus beau hâter le pas, je ne cessais pas de grelotter. Puis j'étais en proie à une somnolence telle que j'avançais comme en rêve et que je butais contre toutes les pierres du chemin. De plus, mes pieds saignaient fort et je souffrais de mon épaule gauche coupée par la courroie de ma besace.

Tant bien que mal, je clopinais dans les

ornières, quand, à cinq kilomètres environ de
Casteljaloux, le thermomètre remonta brusque-
ment d'une douzaine de degrés. Il fit soudain
une chaleur écrasante et, par surcroît, tandis
que le soleil tapait dur, pas un arbre n'ombra-
geait la route.

Fiévreux, mal en train, comme je l'étais, je
me mis à suffoquer ; une sueur froide m'inonda
le visage et tout le corps. Le vertige me prit :
des taches vertes me dansaient devant les yeux.
Je sentis que j'allais tomber.

Je parvins cependant à me traîner jusqu'à un
tas de pierres placé sur le bord de la route et je
m'y assis en disant : — Cette fois, Sainte Vierge,
je n'en puis plus. Il vous faut venir à mon aide!...

Or, à trois cents mètres environ, dans un pré,
une vieille femme gardait ses vaches. Etant
donné l'extrême méfiance des paysans à l'égard
des trimardeurs, je ne m'attendais guère à ce
qu'elle vînt à moi et je pensai qu'il était inutile
de lui faire signe d'approcher.

Eh bien, après m'avoir observé pendant quelques minutes, elle vint spontanément. Quand elle
fut près de moi, je vis qu'elle tenait à la main
un chapelet garni de médailles, ce qui me
donna tout de suite l'espoir qu'elle m'assisterait.

Et en effet : — Ah ! mon pauvre garçon, me dit-elle, comme vous êtes pâle ! Sûrement vous êtes malade. Qu'est-ce que je puis faire pour vous ?

Je lui expliquai que j'allais à Lourdes à pied, par suite d'un vœu, et que j'étais en train de me trouver mal. Alors, elle m'essuya la figure avec son tablier ; puis, me prenant sous le bras, elle m'emmena dans sa maison, située à cinq cents mètres à peu près, en contre-bas de la route.

Chez elle, elle me fit asseoir, me versa un verre de vin, coupé d'eau fraîche et me prescrivit de me reposer pendant une heure.

Peu à peu, cependant qu'elle égrenait son chapelet à mon intention, mon malaise se dissipa. Je me sentis des forces nouvelles. Prêt à repartir, je voulus lui donner quelque argent, car, à considérer le local, je la jugeai des plus pauvres. Mais elle refusa, avec énergie, m'assurant qu'elle était trop heureuse de venir en aide à un pèlerin de la Sainte Vierge. Alors je demandai à cette bonne grand'mère la permission de l'embrasser. Elle y consentit de grand'cœur. Et nous nous séparâmes, après que je lui eus promis de prier pour elle à la Grotte miraculeuse. — Ce que je n'ai pas manqué de faire.

Cet épisode ne prouve-t-il pas que, comme j'ai eu tant d'occasions de l'éprouver, la protection de la Sainte Vierge ne fait jamais défaut à qui l'invoque d'une âme toute simple et toute sincère ?

Ragaillardi, j'enlevai d'une traite le reste de l'étape. A Casteljaloux, dix heures de repos dans un bon lit me remirent tout à fait d'aplomb.

XVII

DE CASTELJALOUX A NÉRAC

25 juin.

Pour accomplir cette étape, j'ai à traverser un coin des Landes. La route ne fait que monter et descendre, par grandes ondulations successives. Mais elle est fort bien entretenue, de sol assez ferme, sans ornières ni cailloux, ce dont mes pieds blessés se trouvent à merveille.

A peine suis-je sorti de Casteljaloux que le pay-

sage change complètement. Jusque-là j'avais eu à
traverser des pays de culture d'un aspect plutôt
souriant ; me voici maintenant dans une région
sévère et toute boisée. Des multitudes de pins,
entaillés et munis d'un petit pot pour recueillir
la résine, s'alignent à droite et à gauche ; çà et
là, de jeunes chênes et des quantités de fougères. Un épais brouillard, qui se leva en même
temps que l'aube, flotte sur les taillis. Par endroits, le site présente une analogie singulière
avec certaines parties de la forêt de Fontainebleau notamment, avec la route d'Arbonne,
depuis le bornage jusqu'aux Buttes de Fran-
chard. Cette ressemblance évoque en moi cent
souvenirs : je me revois à l'époque où, solitaire
et recueilli, j'écrivais *Du Diable à Dieu* et où je
n'interrompais ce récit de ma conversion que
pour aller méditer et prier sous les arbres. Depuis, toujours plus affermi dans la vie religieuse,
par la grâce du Bon Dieu, je suis resté fidèle
aux enseignements de Notre Seigneur et de la
Sainte Vierge. En récompense, ils me conduisent par la main, durant ce pèlerinage qui
marquera la date d'un redoublement de ferveur
chrétienne dans mon existence. Ah ! puissè-je
aller sans cesse en progressant afin de me

fondre tout entier dans l'amour de Dieu !...

Je m'arrête un instant, pour regarder un troupeau de moutons qui paissent parmi les fougères. Epars, ainsi, dans la brume bleuâtre, ils forment un gracieux tableau, rappelant certaines toiles aux lignes simplifiées, aux teintes adoucies dues à Puvis de Chavannes. Je m'attarderais à les contempler si les chiens qui les gardent ne s'élançaient sur la route et ne venaient aboyer autour de moi comme s'ils se figuraient que je médite de voler une de leurs ouailles. Le berger a beau rappeler ces auxiliaires trop zélés, ils ne l'écoutent pas. Si je n'agitais ma canne pour les tenir en respect, je crois qu'ils me sauteraient à la gorge. Pendant près d'un kilomètre ils me font la conduite en m'assourdissant de leurs clameurs.

J'ai remarqué, du reste, que les chiens ne nourrissent qu'une estime fort médiocre à l'égard des personnages qui portent besace et bâton. Jamais je ne traversai un village sans donner l'éveil à quelque gardien vigilant de la propriété. D'un seuil quelconque, un roquet s'élançait en sonnant l'alarme à plein gosier ; d'autres lui répondaient de toutes les ruelles ; puis, se joignant à lui, me poursuivaient avec acharnement de sorte qu'avant d'avoir dépassé la dernière maison, je traînais une meute hurlante à mes trousses. Les gens, attirés sur leur porte par ce vacarme, en riaient; moi aussi. Et, n'est-ce pas, c'est ce qu'il y avait de mieux à faire ?...

La lande cesse; le brouillard se lève et un soleil joyeux monte dans le ciel sans nuages qui répand sa clarté sur les cultures. Je crois que, pour cette fois, j'en ai fini avec la pluie, si tenace depuis Angoulême. Ce n'est pas trop tôt, car à force d'être mouillé et de ne jamais sécher entièrement, je commençais à passer à l'état d'éponge. D'ailleurs, malgré les ampoules et la fatigue croissante, je constate, avec plaisir, que je demeure en forme: mathématiquement, je continue d'abattre mes cinq kilomètres à l'heure.

Arrivé à la hauteur d'une des dernières maisons d'un village nommé Fargues, j'en vois sortir un paysan d'une quarantaine d'années, qui me hèle au passage. Je m'arrête; il vient à moi et me demande de lui mettre une lettre à la poste de Barbaste, bourg que le chemin traverse, un peu avant Nérac. J'y consens bien volontiers. Puis vient la question obligée : — Où allez-vous comme cela ?

Quand je lui ai expliqué que je pérégrine

vers Lourdes, voilà un homme qui s'émeut et s'enthousiasme : — Ah ! me dit-il, nous avons une petite fille qui souffrait de la poitrine. Les médecins n'y entendaient plus rien et il paraissait que nous allions la perdre. Alors ma femme et moi, l'an dernier, nous l'avons conduite à Lourdes. Et la Sainte Vierge l'a guérie — guérie radicalement, d'un seul coup. Et, depuis, elle n'a pas été malade une minute. Aussi, nous retournerons, tous les trois, cette année, remercier la Sainte Vierge à la Grotte. Mais, en attendant, priez pour ma petite fille, n'est-ce pas ?

Naturellement je le lui promets. Et, avant de nous séparer, il me serre et me resserre les deux mains, dans un mouvement d'effusion bien rare chez les paysans.

Je ne connais rien de plus touchant et qui donne plus d'énergie à la foi et à l'espérance que cette union des catholiques due à Notre-Dame de Lourdes. Ah ! c'est d'Elle vraiment qu'émane le foyer de grâces qui répand ses ardeurs sur la France douloureuse et croyante...

Barbaste m'offre le spectacle d'une chute d'eau fort agréable à regarder. Il en monte une fraîcheur qui me fait du bien, car le soleil chauffe dur et commence à me calciner. Plus loin, voici

un moulin d'une architecture exquise. Il date,
me dit-on, du xvie siècle et il servit parfois de
logis à Henri IV. Après c'est une grande route
poussiéreuse et si torride que j'arrive tout en
sueur à Nérac où je décide de rester jusqu'au
surlendemain.

XVIII

NÉRAC

25-26 juin.

Jamais je ne fus accueilli d'une façon plus
charmante que par le curé-doyen de Nérac :
M. l'Abbé Marque. Qu'elles sont réconfortantes
ces attentions prodiguées par de bons prêtres
au pèlerin de la Sainte Vierge. En voici un
exemple : le soir, comme, avant le salut, on
faisait une procession du Saint-Sacrement dans
l'église, le curé voulut que j'escortasse le dais,
un cierge à la main. J'eus beau lui objecter ma

tenue minable et mon peu de titre à cet honneur,
il insista de telle sorte qu'il fallut obéir. — Ensuite, je ne pus m'empêcher de rire, en me re-
mémorant les regards ébahis que les fidèles
fixaient sur ce personnage poussiéreux qui
marchait les pied nus dans des savates fort
éculées. On se renseigna auprès du curé — surtout les paroissiennes — et il en résulta ce qu'on
va lire.

Le lendemain, je m'aperçus que je n'avais
parcouru aucun journal depuis le commencement de mon pèlerinage. On ne saurait croire,
en effet, combien absorbé par la prière, la méditation des choses saintes et la vie intérieure,
j'avais oublié le monde. Il aurait pu se passer
cinq ou six révolutions sans que je m'en dou-
tasse.

— Tout de même, me dis-je, il ne serait pas
mauvais de m'enquérir de ce qui est arrivé en
France et ailleurs depuis une quinzaine de
jours.

J'allai donc à la gare dans le but d'acheter
quelques journaux. La tenancière de la biblio-
thèque, femme d'une cinquantaine d'années, me
fixait, avec une persistance singulière, tout en
me rendant ma monnaie. Il semblait qu'elle

aurait tenu à me parler et qu'elle n'osait pas s'y risquer.

— Eh! bien, Madame, lui dis-je, est-ce que vous m'auriez déjà rencontré quelque part? Vous me regardez comme si je ne vous étais pas inconnu.

— Ah! Monsieur, me répond-elle, je vous ai vu hier à l'église. J'ai appris que vous alliez à Lourdes et auparavant, j'avais lu votre livre *Du Diable à Dieu*. C'est pourquoi je me suis bien promis de vous demander quelque chose...

— Et quoi donc?

— Voici: j'ai un fils qui non seulement ne pratique plus mais encore s'est lancé dans des idées révolutionnaires. Il n'arrête pas de blasphémer contre l'Eglise. Je serais si heureuse que vous me promettiez de prier pour lui à la Grotte.

Elle pleurait en m'exposant sa requête. Fort touché, je lui promis de prier de mon mieux pour la conversion de son fils. Alors elle me demanda la permission de m'embrasser — ce que je lui accordai aussi de grand cœur.

Quand je l'eus quittée, je me dis : — N'est-ce pas une grande grâce du Bon Dieu qu'il se serve de toi pour rassembler, comme une gerbe de fleurs, la reconnaissance et les vœux de tant de bons catholiques pleins de confiance dans la Sainte Vierge. Te voici, outre ta besace habituelle, chargé d'une autre besace de prières. Il te faut la porter avec allégresse, car tu ne saurais trouver une plus belle compensation aux fatigues de la route...

L'après-midi, j'allai visiter la célèbre promenade de la Garenne, toute garnie de chênes magnifiques dont les plus récemment plantés comptent quelque chose comme un demi-siècle. Je m'assis à l'ombre de ces arbres vénérables et je demeurai plusieurs heures enfoncé dans une oraison de quiétude qui me valut des élans d'amour vers Dieu comme j'en avais rarement ressenti de pareils.

XIX

DE NÉRAC A CONDOM

27 juin.

Bien qu'il y ait eu un orage dans la nuit — comme à Casteljaloux, d'ailleurs, et comme à

Marmande, le temps semble se maintenir au beau. Ce qui reste le plus pénible à subir, ce sont ces brusques élévations de température succédant, vers 8 ou 9 heures, à la fraîcheur du premier matin. Puis, pendant la journée entière, il règne une tension électrique de l'atmosphère qui me déprimerait si je ne lui opposais ma ferme volonté d'aller quand même de l'avant.

Chemin faisant, je songe à l'histoire d'un séminariste que me raconta l'abbé Marque. Ce jeune homme, atteint d'une surdité croissante, fit le vœu d'aller à Lourdes à pied demander sa guérison à la Sainte Vierge. Il accomplit son pèlerinage mais, arrivé là-bas, il ne put jamais se résoudre à se baigner dans la piscine ni même à lotionner l'oreille malade.

— L'eau est trop froide, disait-il.

Il en résulta qu'il revint tel qu'il était parti.

Je trouve là un défaut de foi très caractéristique. Je sais bien qu'à Lourdes, des malades guérissent qui ne se sont point baignés et que l'action mystérieuse de la Sainte Vierge se produit en dehors de toute règle. Mais, dans le cas du séminariste, il y avait eu dessein préconçu d'user de l'eau miraculeuse puis, le moment venu, un recul dû à la faiblesse de la chair. Or, j'imagine que, souvent, les guérisons doivent avoir lieu parce que le malade, se haussant au-dessus de lui-même, s'est remis, avec une confiance absolue, entre les mains de la Grande Intermédiaire. C'est là une manifestation de cette foi qui, selon le mot de Notre-Seigneur, soulève et pulvérise les montagnes. Saint Paul, les premiers chrétiens la possédaient cette foi. C'est pourquoi ils ont fait crouler cette Alpe rigide et qui semblait éternelle : le monde païen. Puissions-nous la connaître et la pratiquer encore, la foi splendide des premiers âges, afin que s'effondre la société odieusement matérialiste qui nous opprime...

En entrant à Condom, je trouve un pavé pointu, raboteux, inégal, du genre de celui qui m'avait torturé les pieds à Marmande. On dirait vraiment que cette voirie désastreuse a été conçue pour mettre à l'épreuve la patience des pèlerins. Pour moi, ces bosses et ces pointes me font tellement souffrir que je traverse la ville avec la démarche d'un canard boiteux.

C'est ici le premier évêché de Bossuet. Mais au dire de l'aimable archiprêtre de la cathédrale, M. l'abbé Vignaux, il paraîtrait que le grand orateur n'y a jamais résidé et que s'il y vint, par occasions, ce ne fut que pour de très brefs séjours.

L'après-midi, je visite longuement cette belle cathédrale et le cloître, d'une beauté sévère, qui s'y appuie. Je cause longuement avec un jeune vicaire, fort intelligent mais qui me paraît donner un peu dans les fariboles du Sillonisme. Je m'efforce de lui démontrer tous les illogismes de cette doctrine, plus tapageuse que solide, et qui rêve de coudre les loques de la Révolution aux voiles du sanctuaire.

Nous nous séparons sous une pluie diluvienne — pour n'en pas perdre l'habitude. Rentré à l'hôtel, je me couche de bonne heure car je me sens tout mal à l'aise et je suis pris de frissons qui m'avertissent que, demain, la marche me sera peu commode. — Enfin, que la volonté du Bon Dieu soit faite ; s'il me faut renoncer, j'aurai du moins la satisfaction d'avoir été jusqu'au bout de mes forces.

XX

DE CONDOM A SAINT-JEAN POUTGE

28 juin.

Au réveil, le malaise persiste. J'ai bien de la peine à me dégourdir les jambes et à gravir la longue montée que je trouve à la sortie de la ville. Heureusement, arrivé au sommet, une agréable surprise me réconforte : les cimes neigeuses des Pyrénées m'apparaissent, surmontant les nuages qui se bousculent à l'horizon. Elles sont encore à vingt-cinq lieues, ces chères montagnes. Mais, à partir d'aujourd'hui, je les aurai presque constamment en vue. Je les verrai grandir peu à peu ; je demeurerai la pensée fixée sur la ville sainte qui se blottit à leur pied ; et il me semblera qu'un rayon d'or fluide, émané de la Grotte, ne cessera désormais d'éclairer ma route.

Réjoui par cette vision, j'entonne *Magnificat* et j'oublie mes maux. Sous le soleil torride qui m'accable de ses feux, je me hâte vers Saint-Jean Poutge. J'y arrive harassé, crevant de soif et couvert de sueur. Le curé du village, en train de préparer une procession pour l'après-midi, m'accueille d'une façon assez sommaire et m'expédie à une auberge où, du reste, dès qu'on apprend que je vais à Lourdes, on me reçoit à merveille.

Après un déjeuner pris sans appétit, car je ne suis vraiment pas bien, je retourne à l'église et j'accompagne la procession à travers le pays. Ensuite, le curé vient à moi, s'excuse sur les mille soins qui lui incombèrent le matin, de m'avoir d'abord un peu rabroué. Je ne saurais lui en vouloir et je prendrais plaisir à causer avec lui si mon malaise n'allait en augmentant. Je rentre donc à l'auberge et je me mets au lit.

29 juin.

La nuit, que je passai dans la fièvre, fut déplorable. Mon épaule coupée, mes pieds blessés me faisaient souffrir d'une façon atroce. Une courbature de tout le corps m'empêcha de reposer une minute. J'avais le délire et mille images sinistres m'assaillaient sans que je trouvasse l'énergie de formuler une seule prière pour les écarter. Ah ! j'ai bien cru que, ce coup-là, il me faudrait abandonner la route.

Le matin, je sentis que je ne pourrais repartir. Je fis demander le curé. Il s'empressa de venir et je m'enquis auprès de lui s'il ne pourrait me procurer de la quinine : c'était le remède indiqué contre la fièvre de courbature qui me tenait dans ses griffes. Hélas, il n'en possédait point et ce fut en vain qu'il courut le village pour en découvrir ; personne n'en avait. Il envoya un messager à Auch, situé à une vingtaine de kilomètres du village, pour m'en rapporter.

La quinine arriva le soir. J'en pris une dose formidable, corroborée de quelques tasses de tilleul. Il en résulta une suée abondante et un calme sommeil qui me rendit des forces. Le lendemain matin, la fièvre m'avait quitté. Mais je restais en proie à une certaine courbature qui, jointe à la blessure de mon épaule, m'empêchait d'endosser la besace. Je me résigne donc à louer une carriole pour les 27 kilomètres qui me séparent de Mirande. Puis j'offre mes maux à la Sainte Vierge en la suppliant de les accepter pour la guérison de ce pauvre petit malade de Lunas dont j'ai parlé plus haut et je demande à la Bonne Mère qu'elle m'octroie la faveur de reprendre mon pèlerinage à pied, à partir de Mirande.

XXI

DE SAINT-JEAN POUTGE A MIRANDE

30 juin.

Vers huit heures, ce matin, je monte dans la carriole; elle appartient à un chiffonnier dont l'industrie s'exerce, paraît-il, dans tous les villages à la ronde. Un gai soleil illumine les campagnes agréables que nous traversons. Mais je n'ai plus guère confiance dans la stabilité du beau temps. Si souvent déjà, j'ai vu, après être parti par un ciel pur, les nuées s'accumuler et me poursuivre d'averses en douches violentes que je considère comme une aubaine inattendue d'arriver sec à l'étape.

Néanmoins, ce jour-là, j'échappai au déluge. Je ne me sentais pas encore très solide. Il est vrai que mes pieds étaient à peu près guéris et qu'il s'était formé sous les plantes une sorte de corne qui me gardait des écorchures pour l'avenir. Mais mon épaule coupée me faisait toujours souffrir et je subissais, en plus, des douleurs errantes dans toute l'échine ; cela provenait, sans doute, de la quantité d'eau qui m'avait imbibé depuis le commencement du pèlerinage. — Quoiqu'il en soit, je me promis bien de reprendre la route à pied à partir de Mirande. D'ailleurs, je n'aurais plus que trois étapes à couvrir jusqu'à Lourdes et ce serait vraiment faire preuve de trop de mollesse que de me dorloter sur des voitures pour mener à sa fin une pérégrination commencée dans un esprit de pénitence.

Puis, à y bien penser, je dois me féliciter que ces revers ne m'aient pas été épargnés. Dès que les choses s'accommodent à notre paresse foncière et à notre crainte de l'effort, nous devenons aussitôt négligents à l'égard de Dieu et

nous laissons notre âme s'enliser dans les marécages de la pratique machinale. Au contraire,
toute peine, qu'elle soit d'ordre matériel ou
moral, nous stimule, nous ramène dans la voie
étroite en nous rappelant que nous ne sommes
rien sans la Grâce d'En Haut. C'est évidemment
un progrès notable que d'accueillir les souffrances comme des épreuves purificatrices et
que de les supporter avec résignation. L'idéal,
ce serait de les recevoir avec joie et comme des
grâces insignes. Mais, hélas, je suis loin d'en être
là et j'ai déjà pas mal de difficulté à dompter les
mouvements de révolte par où le « vieil homme »
cherche à ressusciter. Pourtant, par l'appui de
la Sainte Vierge, j'y ai réussi ; c'est assurément
ce qui me valut cette joie paisible et toute lumineuse dont je me sens l'âme comblée. Et
quelles faveurs aussi que ces élans de prières
presque continuels où je trouve tant d'attrait et
que cette notion de la présence divine autour
de moi et en moi. Combien les réclamations et
les geigneries de la chair mortifiée apparaissent
peu de chose en regard de pareilles félicités.
Ah ! mon vieux Retté, tu es favorisé bien au-
delà de ton mérite et tu ne saurais trop faire
pour reconnaître l'indulgence du Bon Dieu !...

Mon chiffonnier babille sans arrêt. Il me conte les aléas de sa profession ; il me parle de son fils qui fait, en ce moment, son service militaire. Bref, peu s'en faut qu'il ne m'initie à toutes les particularités de son existence. C'est que je l'encourage par des réflexions sympathiques. Et je n'y ai pas de peine, car j'aime la conversation des simples et des gens du peuple. Maints d'entre eux gardent des âmes d'enfants dont on ne trouve guère l'analogue chez les bourgeois. Ceux-ci, gâtés, trop souvent, par l'esprit de lucre et par des préoccupations vaniteuses, en arrivent à ne plus exprimer que des sentiments d'une bassesse navrante, à moins qu'ils ne rabâchent les niaiseries dont une lecture trop assidue de ces évangiles de la sottise humaine qu'on appelle les journaux leur encombra la cervelle. — Il n'y a qu'à les plaindre — et à les fuir.

Mon chiffonnier et moi, nous sommes donc les meilleurs amis du monde lorsque, arrivés à Mirande, nous prenons congé l'un de l'autre.

J'ai un mot d'introduction auprès de l'abbé Baradat, aumônier de l'hôpital. Il me fait fête et, tout d'abord, comme je me plains de mon épaule, il veut absolument me la panser. L'abbé

Trouguet, curé d'une paroisse voisine de Mirande, en visite chez lui, met égalemeut la main
à la pâte. Si bien que, grâce à ces deux bons
prêtres, je suis bientôt bardé d'ouate et de bandages et j'ai l'échine badigeonnée de teinture
d'iode — remède efficace contre les douleurs
— probablement rhumatismales — qui me ta-
raudent les vertèbres.

Toute l'après-midi, je reste auprès de l'abbé
Baradat et je goûte les charmes de sa conversation si affable et si spirituelle. Quelle belle âme
le Seigneur m'a fait rencontrer cette fois encore. De quoi pourrais-je me plaindre alors
qu'à chaque étape, pour ainsi dire, j'ai trouvé
de grands cœurs et des intelligences probes qui
m'aidaient à me maintenir dans l'allégresse
nécessaire à un pèlerin de la Sainte Vierge?
Tous ces prêtres excellents ont prié pour moi.
Et c'est à eux, certes, que je dois d'avoir mené
à bien mon pèlerinage.

XXII

DE MIRANDE A RABASTENS

1ᵉʳ juillet.

Cette étape a été particulièrement rude. Il est vrai que la journée précédente, passée pour la plus grande partie avec l'évangélique abbé Baradat, m'a tout ragaillardi. Mon épaule me fait moins souffrir : la courbature a disparu à peu près complètement. Pour mes pieds, les ampoules se sont enfin cicatrisées ; il ne s'en produit point de nouvelles ; et il me semble que j'irais au bout du monde sans subir désormais de meurtrissures.

Et puis surtout, l'approche de Lourdes me rend de plus en plus la route facile. Cet élan vers la Sainte Vierge, qui me transportait l'âme dès le départ, n'a fait que s'accroître. Ce n'est pas sans fruit que j'accomplis ces longues marches solitaires par les campagnes : d'avoir vécu dans l'oraison constante et dans la méditation d'idées pieuses et de textes sacrés m'a formé un état d'esprit que la Bonne Mère se plut à favoriser. Comme je le répétai maintes fois à ceux qui m'interrogeaient sur les circonstances du pèlerinage : — De ma vie, je ne fus pareillement heureux.

Fortifié de la sorte, je pressens que je ne m'en tiendrai pas là et que mon séjour au pays des miracles me fournira d'autres occasions de travailler à la gloire de la Vierge immaculée. De quelle façon ? Je n'en sais encore rien ; mais, à coup sûr, que je passe quelques jours ou quelques semaines à Lourdes, ce ne sera pas pour me reposer, car j'ai soif d'employer ma bonne volonté...

J'ai eu à traverser aujourd'hui une région très accidentée ; ce ne furent, jusqu'à Rabastens, que montées escarpées et descentes très raides. Mais quel magnifique paysage, quels beaux arbres agitant, autour de moi, leurs frondaisons harmonieuses et quel stimulant que cette vue continuelle des Pyrénées, grandissantes à l'horizon méridional.

Tandis que j'escaladais les hautes collines ou

que je dévalais le long de leurs pentes, certains versets du psaume 118 me vinrent à l'esprit. Ils s'appliquaient si bien à ma situation actuelle comme à mon passé que je dus les réciter, d'un cœur tout vibrant de reconnaissance. Ceux-ci :

« Seigneur, mes chants t'ont reconnu, t'ont célébré dans le lieu de mon pèlerinage.

« Ce bonheur m'est advenu parce que j'ai cherché ta justice.

« J'ai dit : — Mon partage, Seigneur, c'est de garder ta voie.

« J'ai imploré ton assistance du fond de mon cœur ; selon ta parole, aie pitié de moi.

« J'ai réfléchi sur mes voies et j'ai ramené mes pas dans les sentiers de tes préceptes.

« Je suis prêt et, sans trouble à l'avenir, je veux garder tes commandements... »

Arrivé de bonne heure à Rabastens, après une visite à l'aimable curé-doyen, je dus me confiner dans l'auberge où je m'étais logé, car la pluie se mit à tomber en cataractes et n'arrêta pas de la journée. J'en profitai pour prendre un bon repos.

XXIII

DE RABASTENS A TARBES

2 juillet.

Pluie fine et brume froide au départ. La route, ennuyeusement droite, traverse une plaine interminable dont la monotonie ne laisserait pas de m'agacer si je n'avais l'esprit tout occupé de Lourdes et si je ne me réfugiais dans la récitation du *Petit Office*. Ah ! la pluie peut bien tomber tant qu'elle veut ; depuis le temps, j'y suis fait et je ne lui accorde d'attention que quand elle m'oblige d'essuyer les verres de mon binocle.

A Tarbes, je suis reçu d'une façon exquise, par l'abbé Jouanolou, qui dirige le journal *Le Semeur* et avec qui je me suis mis en relations épistolaires et par les jeunes prêtres qui gèrent l'Orphelinat Saint-Joseph. On ne sait quoi in-

venter pour me faire fête. Et moi, je me sens si
heureux ! Je raconte, à bâtons rompus, mon
pèlerinage, je joue avec les petits garçons de
l'orphelinat, et surtout, surtout, je me répéte :
— Demain, tu seras à Lourdes et tu pourras remercier la Sainte Vierge chez elle...

Ce fut une des plus délicieuses journées du
voyage...

XXIV

DE TARBES A LOURDES

3 juillet.

Encore une plaine à traverser. Mais cette fois,
les Pyrénées sont toutes proches et leurs lignes
superbes, leurs sommets aux neiges éternelles,
s'élancent dans le ciel comme une explosion de
prières.

Les yeux fixés sur la montagne au pied de
laquelle s'ouvre la Grotte Sainte, le cœur bat-

tant d'impatience, la bouche débordante d'alleluias, je vais, je vais toujours, sans m'apercevoir de la route. Ah ! les quatre lieues et demie qui séparent les deux villes sont rapidement avalées. Lorsque j'entre dans Lourdes, par une rue qui passe à côté de la gare, je n'ai qu'une idée : aller tout de suite m'agenouiller devant la Sainte Vierge.

Je suis maigre comme un clou, hâlé, sale au delà du possible ; mon pantalon, déchiré du bas, est tout imprégné d'en enduit bizarre où l'huile se combine avec la boue et la poussière. Que m'importe : je me fais indiquer le chemin vers la Grotte : toute fatigue abolie, j'y cours d'un pas ailé. J'arrive à la grille. Parmi les cierges, devant la statue qui commémore l'apparition, je me prosterne sur les dalles. Et, tout sanglotant, les yeux ruisselants de larmes, je balbutie le plus fervent *Magnificat* qui me soit jamais sorti du cœur.

Mon pèlerinage est terminé. L'œuvre de pénitence est accomplie. Gloire à Dieu, gloire au Père, au Fils et au Saint-Esprit. Gloire à toi, ma douce Étoile du Matin. Amour et reconnaissance à toi qui ne cessas de luire sur la route où peinait le pauvre pèlerin.

XXV

ITINÉRAIRE

Etapes :	Nombre de kil.
1. De Ligugé à Couhé-Vérac. . . .	28
2. De Couhé-Vérac à Ruffec. . . .	30
3. De Ruffec à Mansles.	17
4. De Mansles à Angoulême. . . .	25
5. D'Angoulême à Villebois-La-Vallette.	22
6. De Villebois-La-Vallette à Ribérac.	30
7. De Ribérac à Lunas.	42
8. De Lunas à Eymet	32
9. D'Eymet à Marmande	34
10. De Marmande à Casteljaloux. . .	23
11. De Casteljaloux à Nérac	30
12. De Nérac à Condom.	22
13. De Condom à Saint-Jean Poutge .	26
14. De Saint-Jean Poutge à Mirande .	27
15. De Mirande à Rabastens	29
16. De Rabastens à Tarbes.	19
17. De Tarbes à Lourdes.	18
Total.	454 k.

Défalquant les 27 kilomètres en voiture de Saint-Jean Poutge à Mirande, reste quatre cent vingt-sept kilomètres à pied. Le pèlerinage dura vingt-quatre jours, dont seize jours de marche.

DEUXIEME PARTIE

IMPRESSIONS D'UN BRANCARDIER

MONSEIGNEUR SCHŒPFER, ÉVÊQUE DE TARBES ET LOURDES.

AVERTISSEMENT

Lorsque j'avais formé le projet de mon pèlerinage, celui-ci une fois accompli, je ne comptais pas rester à Lourdes plus d'une quinzaine. — Et voilà que j'y ai séjourné deux mois entiers.

C'est d'abord que l'attrait de vivre sur cette terre bénie, dans le rayonnement direct des grâces obtenues par la Sainte Vierge, est si vif qu'on se résout avec peine à la quitter. Ensuite, comme je le rapporterai plus loin, en détail, ma première visite à la piscine détermina chez moi un penchant irrésistible à servir les malades qui viennent chercher la guérison dans l'eau miraculeuse. J'en conclus qu'en me consacrant à cette tâche, je mériterais toujours davantage l'indulgence de la Bonne-Mère. Il en résulta que, du 3 juillet au 4 septembre, je passai mes journées, et quelquefois mes nuits, à remplir, tour à tour, les fonctions de brancardier, de baigneur et d'infirmier. Je m'y absorbai au point de négliger tout ce qui ne relevait pas de la piscine, des abris et de l'hôpital et de perdre à peu près la notion de la fuite des jours. Si bien que lorsqu'il me fallut partir pour reprendre le train-train morose de la vie ordinaire, il me sembla que je venais seulement d'arriver et que j'avais encore beaucoup à œuvrer pour témoigner à la Sainte Vierge ma reconnaissance de ses bienfaits.

On trouvera dans la suite de mon livre la notation de mes états d'âme durant cette période, le portrait, plus moral que physique, de quelques-uns des moribonds à qui je donnai mes soins et les impressions que je ressentis au contact des hommes de cœur généreux qui pratiquaient, autour de moi, la grande charité. Ah ! comme ils m'apprirent le dévouement, et que j'aurais voulu les égaler !

J'ai donc particulièrement insisté sur les merveilles de l'hospitalité. C'est pourquoi on ne s'étonnera pas que les descriptions de céré-

BRANCARDIERS A LA GROTTE.
Cliché Cazenave, Lourdes.

monies et les mouvements de la foule tiennent peu de place dans ces pages. J'en appréciais à coup sûr les beautés, mais, si grandioses qu'ils fussent, ces spectacles ne me valurent pas les enseignements que je recueillis auprès des malades. Les processions aux flambeaux, les fêtes commémoratives m'ont ému — moins cependant que certains actes de foi ou d'héroïsme accomplis par des infirmes ou par des brancardiers. C'est grâce à ces manifestations d'un ordre plus secret que se perfectionna mon éducation chrétienne, que s'avivèrent mon amour de la Sainte Vierge et mon bon vouloir à travailler pour Elle.

Au surplus, les livres abondent qui racontent Lourdes, Bernadette, les origines du pèlerinage, les miracles et les fêtes sous tous leurs aspects.

Si l'on désire un exposé de faits d'un rigoureuse exactitude, une discussion scientifique d'une parfaite loyauté et d'une précision remarquable, on consultera les livres excellents du docteur Boissarie.

L'ouvrage de l'abbé Bertrin se recommande par une grande force de dialectique et par le nombre de documents irréfutables, touchant les miracles, qu'il contient.

Pour l'histoire de Bernadette, je n'ai rien lu qui m'ait autant séduit que le petit livre d'Estrade. Cette relation d'un témoin de bonne foi crie la vérité.

Si l'on s'intéresse à la critique des erreurs architecturales et autres qui déparent Lourdes, à la peinture réaliste des foules pieuses qui assiègent la Grotte et inondent l'esplanade, on lira Huysmans.

Quant à moi, je le répète, ayant vécu presque exclusivement parmi les malades et les hospitaliers, je dis les émotions que j'éprouvai dans ce milieu de douleur et de foi brûlante ; je développe les pensées qu'il me suggéra. Je rapporte [illegible] les guérisons mira[illegible] une sta[illegible] la cathédrale [illegible] que la piété catholique [illegible] en l'honneur de la Sainte Vierge.

II

PÈLERINS

Il ne faudrait pas croire que les chemins de fer aient aboli totalement la tradition des pèlerinages à pied. On ne voit plus, comme jadis, des foules prendre la route pour gagner, en chantant et en priant, quelque lointain sanctuaire. Mais les âmes pieuses ne font pas encore défaut qui, par esprit de pénitence ou pour reconnaître quelque grâce obtenue, affrontent les fatigues d'une longue marche vers Lourdes.

Ils ne sont pas très nombreux, ces trimardeurs de la Sainte Vierge. Néanmoins, l'on en rencontre et il est à remarquer que la plupart, quelles que soient les difficultés, mènent à bien leur projet.

C'est ainsi qu'à la sortie de Marmande, une aubergiste à qui je demandais un renseignement, m'apprit que, quinze jours auparavant, elle avait donné une soupe et du pain à une Bretonne venue, en mendiant, du Finistère et se rendant à Lourdes.

— J'aurais voulu la faire reposer au moins une journée, ajouta la bonne femme, mieux la nourrir, lui remettre quelques sous. Mais elle refusa l'argent, la viande et le vin que je lui offrais ; elle m'assura qu'un méchant potage réchauffé, une croûte rassise et un verre d'eau lui suffisaient. Elle était bien maigre et bien lasse. Pourtant j'ai rarement vu à quelqu'un une figure aussi joyeuse. Et puis, Monsieur, pendant les deux heures qu'elle resta ici elle n'arrêta pas de prier. Quand on croit aux miracles de la Sainte Vierge, ça fait du bien de voir des personnes comme celle-là...

A Nérac, on me dit également qu'un prêtre et un jeune homme, qui semblaient venir de loin, me précédaient, de deux étapes environ, sur le chemin de Lourdes. Ils m'ont été signalés encore plusieurs fois, par la suite. Mais je ne les ai pas rejoints et, quoique je me sois enquis d'eux, je n'ai pas eu l'occasion de les rencontrer auprès de la Grotte. Sans doute, ils avaient quitté la ville avant mon arrivée.

Enfin, à Lourdes même, pendant la première semaine de mon séjour, survint un Père Franciscain qui venait d'Espagne. Parti de Pampelune où il professait l'astronomie, il avait fait vœu de marcher jusqu'à Rome, en observant d'une façon stricte la règle du séraphique fondateur de son Ordre. C'est dire qu'il ne possédait pas un liard et qu'il ne comptait que sur la charité d'autrui pour se loger et se nourrir. A Lourdes, l'hôpital des Sept Douleurs l'accueillit. Comme il avait traversé les Pyrénées en suivant des sentiers fort rudes, ses pieds s'étaient enflés et le faisaient souffrir. Pourtant il ne consentit pas à se reposer plus de quatre ou cinq jours. Encore, passa-t-il la plus grande partie du temps en prière à la Grotte.

Il parlait fort bien le français. Aussi eus-je avec lui quelques entretiens où j'admirai sa culture d'esprit et l'ardeur lucide de sa foi. Il me parut un de ces grands mystiques qu'une longue habitude de la vie spirituelle doue de lumières supérieures.

A la fin de juillet, Lourdes vit arriver la jeune Stéphanie Proteau, âgée de dix-sept ans, venue à pied de la Vendée, en compagnie d'une religieuse sécularisée : Mlle Marie Moreau (1).

Atteinte, depuis deux ans, d'une tumeur blanche du genou gauche et d'une atrophie consécutive de toute la jambe, elle portait un appareil plâtré qui lui interdisait le plus léger mouvement. Ses souffrances étaient atroces et continuelles ; mais elle pratiquait une dévotion spéciale à la Sainte Vierge et ne cessait de Lui demander sa guérison. Quelqu'un lui conseilla de frotter d'eau de Lourdes la partie malade en faisant le vœu de se rendre pédestrement à la Grotte si la Sainte Vierge lui rendait l'usage de ses membres.

Après quelques hésitations, elle s'y décida. Le 28 mars 1908, en présence de sa mère, de deux de ses sœurs et de quelques voisines, elle dit : « Si la Sainte Vierge veut bien me guérir, je lui promets d'aller à Lourdes à pied pour sa gloire et pour le bon usage de ma vie à venir. »

Et prenant de l'eau de Lourdes, elle s'en frotta la main gauche devenue inerte, comme

____

(1) Je dois les éléments de ce récit au docteur Boissarie qui me communiqua les documents à l'appui. — Le journal *L'Univers* a publié, dans son n° du 8 août 1908, un exposé fort complet du miracle dont Stéphanie Proteau fut l'objet.

sa jambe, depuis quelque temps. L'effet fut immédiat, pareil à celui d'une brûlure. La main coxalgique commença de se mouvoir sans douleur.

Alors elle but de l'eau miraculeuse : « C'était, dit-elle, comme si j'avais bu de la teinture d'iode ; ça me brûlait partout ».

Or, la nuit suivante, comme elle suppliait la Sainte Vierge de parachever son œuvre, elle se sentit tout à coup complètement valide. Le matin venu, on détacha l'appareil. Et Stéphanie Proteau marcha comme si elle n'avait jamais été malade.

Voici un extrait du certificat donné par le médecin qui l'avait soignée : « Appelé le 2 avril 1908, je trouve la malade assise dans un fauteuil. Elle se lève, marche sans aucune douleur, me dit avoir enlevé l'appareil depuis le 28 mars, n'éprouvant plus les douleurs qui, jusque-là, l'immobilisaient. A l'examen, je constate que toute douleur a disparu ; les mouvements sont entièrement libres... Le 24 juin 1908, je revois la malade qui a marché tous les jours depuis l'enlèvement de l'appareil, sans aucune douleur. L'état général est bon. »

Fidèle à sa promesse, ce même 24 juin,

Stéphanie prit le chemin de Lourdes avec Mlle Moreau. Elle accomplit sans encombre son pèlerinage et arriva le 29 juillet.

Je puis témoigner que la miraculée se trouvait en fort bonne santé, car un hospitalier habitant, comme elle, le village de Prelier, paroisse de la Boissière de Montaigu, me la présenta, devant la piscine, le 30 juillet. — Stéphanie me raconta son histoire avec la plus grande simplicité. J'en fus si touché que je lui demandai la permission de l'embrasser et que je me recommandai à ses prières.

Je voudrais bien savoir comment la Science — par un grand S — s'y prendrait pour expliquer cette guérison subite d'une coxalgique, immobilisée depuis deux ans, puis redevenant soudain assez ingambe pour accomplir, en un mois, une marche des plus fatigantes, après quoi, elle ne s'en porta que mieux...

Quand je comparais mon cas à celui des cœurs vaillants dont je viens de parler, faisant un juste retour sur moi-même, je devais bien m'avouer que mon pèlerinage ne représentait pas un effort bien extraordinaire. Car moi, j'avais de l'argent, je me gobergeais dans des hôtels plantureux et j'étais en pleine vigueur.

Enfin si j'avais eu à subir quelques minces tribulations, la Sainte Vierge m'avait aplani aussitôt toutes les difficultés.

Au regard de la Bretonne pieuse, de la petite miraculée et du bon moine franciscain, — sans compter ceux que je ne connais pas — je n'avais vraiment pas à faire le paon ni à me targuer de mes minimes fatigues et de mes écorchures pour élire un perchoir dans la basse-cour de l'Orgueil.

III

A LA · PISCINE

J'étais depuis trois jours à Lourdes lorsque je me rendis à la piscine des hommes, muni d'un mot d'introduction du docteur Boissarie auprès de l'abbé Espinos qui la dirige.

Exception faite pour les malades, les médecins et les baigneurs, on n'y laisse guère stationner ceux qui se présentent en simples curieux ; et même, aux heures où les malades affluent, on ne les y laisse pas pénétrer. Cela se comprend : d'abord le local est fort exigu et l'on ne pourrait plus s'y retourner s'il s'encombrait d'oisifs qui resteraient là, les bras ballants et les yeux écarquillés, à échanger des réflexions le plus souvent saugrenues. Ensuite les perclus, les mal-

L'ÉQUIPE DES BAIGNEURS PENDANT LA PREMIÈRE QUINZAINE DE JUILLET.

heureux couverts de plaies affreuses, les valétudinaires de toutes sortes qui s'y succèdent n'y viennent point pour remplir le rôle de curiosités à l'usage des badauds. Enfin et surtout, c'est un endroit de recueillement ; la Sainte Vierge y réside et s'y manifeste ; on y prie sans cesse, on n'y parle qu'à voix basse pour échanger des phrases essentielles. Et puis il importe que les baigneurs ne soient ni distraits ni gênés dans leurs mouvements ; car ils ont parfois à déshabiller, à plonger dans l'eau sainte et à rhabiller des paralytiques, qui ne peuvent pas même remuer un doigt, des enfants qui crient et se débattent, voire des agonisants qu n'ont plus que le souffle.

Le matin où j'entrai dans la piscine, je n'y vis que deux ou trois baigneurs et une douzaine de malade atteints d'affections peu graves. Je les regardais depuis quelques minutes, sans avoir aucunement a l'idée de venir en aide aux hommes dévoués qui déployaient leur zèle sous mes yeux. Le grand et gros abbé Espinos, aux cheveux blancs taillés en brosse, aux regards si francs, s'approcha de moi et me dit d'un ton assez rude : — Si vous voulez rester ici, prenez un tablier et mettez-vous à l'ouvrage.

Cette invite sans fard me déconcerta.

— Mais, dis-je, tout ahuri, je ne saurais comment m'y prendre. Je n'ai jamais fait ce métier et je suis très maladroit de mes mains.

— Bah, bah, reprit l'abbé, on s'y fait tout de suite. Croyez-vous que ceux qui sont là soient des baigneurs de profession ou des infirmiers ? Et pourtant vous voyez qu'ils s'en tirent pas mal.

De fait, j'admirais leur adresse. la précision de leurs gestes et leur douceur à l'égard des infirmes. Un jeune prêtre, aux yeux malades sous des lunettes, à la barbe blonde, captiva surtout mon attention.

Néanmoins, je ne pus me décider à prendre le tablier que l'abbé me tendait. Je me retirai, plutôt confus et en balbutiant quelques excuses.

Pendant le reste de la journée, je demeurai tout rêveur, en proie à des velléités contradictoires.

Je me disais : — Mais je ne suis pas venu à Lourdes pour baigner les malades ; ce n'est pas une besogne à laquelle je sois propre. Et puis ne vaut-il pas mieux que je prie longuement à la Grotte et que je prenne des notes pour l'ouvrage qu'il me faut écrire sur Lourdes. Par ainsi, je servirai la Sainte Vierge.

Or, la voix des bonnes heures me répondait aussitôt : — Tu La serviras aussi en travaillant à la piscine. Cela ne t'empêchera pas d'aller prier, de temps en temps, à la Grotte et cela vaudra mieux pour ton âme que de flâner çà et là, sans but précis.

Je ne me rendis pas tout de suite; je me forgeai cent prétextes pour justifier ma dérobade; principalement, j'alléguai ma gaucherie en ce qui concerne toute besogne manuelle, car c'est toujours là que j'en revenais.

Mais il n'y eut pas moyen de résister à l'attrait grandissant qui me poussait vers la piscine. Bientôt les arguments les plus spécieux et, en apparence, les plus raisonnables, ne me furent plus que des manques de confiance dans la Sainte Vierge qui, certes, me soutiendrait, et des ruses de ma paresse foncière. Même, j'en arrivai à tenir pour négligeable la tentation de me reposer un peu, après les fatigues de mon pèlerinage. Je sentis que je n'aurais pas de tranquillité tant que je résisterais au penchant qui s'affirmait de plus en plus en moi.

— Eh ! bien, me dis-je, à la volonté de la Bonne Mère, demain, j'irai à la piscine et je prendrai le tablier.

Le soir, en me couchant, le lendemain matin, à la messe de cinq heures que j'entendis à la crypte et où je communiai, je suppliai la Sainte Vierge de me donner la patience et la dextérité nécessaire, le courage de persévérer, la force de supporter la vue et l'odeur des plaies horribles qui allaient s'étaler devant moi, le sang, les sanies, les plaintes et les pleurs des malades, la face livide des mourants.

— J'œuvrerai de mon mieux, pensai-je, en franchissant le seuil de la piscine ; daigne la Sainte Vierge obtenir de son Fils qu'il maintienne au-dedans de moi son image sur la croix, pour me réconforter.

J'étais donc dans de très bonnes dispositions. Toutefois je ne croyais guère résister plus de quelques jours au dur labeur que j'allais entreprendre et à l'atmosphère de souffrance où il me faudrait vivre.

Pourtant, j'y ai tenu pendant deux mois.

C'est qu'à la piscine, il règne une grâce spéciale dont tous les baigneurs ressentent les effets. La tension de la volonté, si énergique qu'elle soit, l'émulation, la vigueur corporelle ne suffisent pas à expliquer qu'on résiste à des fatigues si excessives et si continues, qu'on supporte, sans défaillir, le spectacle renouvelé de maux aussi atroces, qu'on se sente pénétré d'une pitié aussi fraternelle à l'égard de moribonds dont, la veille encore, on ignorait jusqu'à l'existence. Non, la nature ne connaît pas de telles endurances ; laissée à elle-même, la faiblesse de l'homme se rebuterait bien vite. Seul, le secours d'En-Haut explique qu'on arrive, de la sorte, à dompter les révoltes de la sensibilité, à demeurer calme et souriant parmi tant de malheureux qui vous crient au secours, à les encourager, à les rassurer, à les consoler, à les faire prier, à prier avec eux.

Interrogez ceux qui travaillèrent à la piscine. Tous vous diront qu'ils s'y trouvaient soulevés au-dessus d'eux-mêmes, l'âme imprégnée d'une joie illuminante dont rien n'approche. Par une faveur de la Sainte Vierge, on oublie totalement de s'occuper de soi; l'égoïsme, l'amour-propre, le respect humain s'évaporent comme la brume au soleil d'une aube d'été. On n'a souci que de ces malades qui implorent et qui espèrent. On oublie le monde, ses vanités, ses intérêts et ses sottes querelles. On vit tout embrasé de l'amour du prochain.

C'est là un des miracles permanents de Lourdes.

Un autre miracle, c'est que jamais nul accident n'entrave le zèle des baigneurs. Ils ont beau ne prendre aucune espèce de précautions, demeurer des demi-journées, mouillés des pieds à la tête, palper, sans gants, des plaies purulentes, respirer un air chargé de microbes et de miasmes, se surmener de toutes façons, nulle courbature ne les met sur le flanc. Et il n'y a pas d'exemple que quelqu'un ait contracté une maladie par le fait de la piscine.

Cette immunité, cette résistance à de terribles fatigues relèvent d'autant plus du surnaturel qu'il arrive constamment qu'on ait quatre ou cinq cents infirmes à baigner dans l'espace de quelques heures. Certains sont inertes ou estropiés au point de ne pouvoir s'aider. Il faut délacer nombre de bottines, enlever maints gilets de flanelle d'une propreté souvent plus que douteuse. Il y a des paralytiques qu'on est obligé de charger sur des sangles ou d'étendre sur des planches pour les plonger. On se met à quatre, à six, à huit — on s'en tire toujours. On acquiert une adresse étonnante pour éviter à de pauvres misérables dont le corps endolori tombe en lambeaux, les chocs et les contacts meurtrissants. Ici, un ancien magistrat refait des pansements. Là, un ingénieur-électricien boutonne les manchettes d'un cancéreux. A côté, un licencié ès-lettres donne un coup de balai, un industriel recueille et accumule, dans un seau, des morceaux d'ouate et des bandes tachés de pus. Un soldat en congé emporte dans ses bras ou sur son dos de lourds impotents. Et, à travers tout cela, on n'arrête pour ainsi dire pas de prier.

Autre miracle : parmi tous ces malades il en est qui sont arrivés au dernier degré du dépérissement ; il en est dont le pouls accuse trente-neuf ou quarante degrés de fièvre ; il est des tuberculeux à qui, en temps ordinaire, la moindre variation de température cause d'effroyables accès de toux. On les plonge dans une eau glaciale et qui, par surcroît, n'est renouvelée qu'une seule fois dans la journée. Eh bien, l'état d'aucun d'eux ne s'aggrave. Il ne se produit ni quintes de toux ni syncopes. Au contraire, la plupart, en sortant de la piscine, se sentent, au moins momentanément, revivifiés. Et jamais, non plus, un infirme ne contracta une nouvelle maladie pour avoir été trempé dans ce bouillon de culture.

Si l'on ajoute qu'il est assez rare que des médecins se mêlent, d'une façon suivie, aux baigneurs, qu'il n'y a là que des volontaires de la
charité et pas un seul infirmier professionnel,
on comprendra, dans toute sa magnificence,
une des plus adorables merveilles de Lourdes...

Pour m'initier à la manœuvre de la baignade,
je m'adressai à ce jeune prêtre, barbu de blond,
dont j'ai parlé plus haut. C'était un vicaire
d'Oran. Menacé de perdre la vue, il était venu
d'Algérie demander sa guérison à la Sainte
Vierge. Puis, âme héroïque, il avait oublié son
propre mal pour soigner les souffrances d'autrui.
Comme moi, comme bien d'autres, il s'était
senti poussé d'une façon irrésistible au service
de la piscine. Et, depuis quinze jours, il n'en
bougeait plus.

Il nous eut bien vite mis au courant, moi et
le charmant abbé Cuginot, curé d'une paroisse
de la Dordogne, qui m'accompagnait. Et tout
de suite cette grâce spéciale que j'ai mentionnée
commença d'agir, car nous eûmes à baigner,
pour notre début, un malade, atteint d'ulcères
variqueux des jambes, qui ne pouvait se mouvoir et qui criait dès qu'on le touchait.

Nous nous tirâmes fort bien d'affaire. A ma

grande stupéfaction, moi, le plus maladroit et le plus nerveux des hommes, je réussis à tremper mon invalide et à lui remettre ses vêtements sans le faire souffrir. Bientôt je devins assez expert pour éduquer les apprentis-baigneurs qui affluaient. Car c'est ainsi que l'hospitalité fonctionne à Lourdes : comme au régiment, les anciens « passent la consigne aux bleus » et leur montrent « le fourbi » sous les auspices de cet excellent vieux troupier du Bon Dieu : l'abbé Espinos.

Maintenant que j'ai réendossé le harnais du gendelettre, je demeure encore dans l'étonnement d'être parvenu à accomplir, sans défaillance ni catastrophe, une besogne qui m'était aussi insolite. Quand je me rappelle la grande grâce dont je fus l'objet, je ne puis que tomber à genoux et remercier la Sainte Vierge de m'avoir élargi le cœur au point que je pus concourir avec tant d'allégresse au soulagement des souffrances d'autrui.

IV

MALADES ET BAIGNEURS

J'ai choisi parmi mes notes quotidiennes et développé, dans les lignes suivantes, celles qui m'ont paru le plus propre à peindre la façon dont les choses se passent à la piscine et les états d'âme de ceux qui la fréquentent. Ce sont des impressions toutes vives et que je me suis bien gardé de déformer en les agrémentant de fioritures littéraires. Je fus, comme le disait Monseigneur Schœpfer, le « reporter de la Sainte Vierge » et je n'ambitionne pas d'autre titre.

Ce qui intéresse surtout, ce sont les dispositions de tant de moribonds venus à Lourdes pour obtenir une guérison ou un soulagement que la science humaine ne peut pas leur octroyer.

Presque tous, un grand espoir les a soutenus durant le voyage, leur a permis de supporter, avec constance, les cahots et les trépidations du transport. Arrivés, dès qu'ils ont pris quelque repos, de petites voitures, traînées par les brancardiers, les emmènent à la Grotte où ils stationnent longtemps, environnés de prières, priant eux-mêmes et communiant si leur état le permet. Ensuite, on les conduit à la piscine et on les range devant le seuil dans l'ordre où ils sont venus. Ceux qui peuvent se conduire seuls, s'asseyent sur des bancs ; les autres attendent dans leur voiture ; mais il n'y a ni privilèges ni distinctions. Ici, comme à la Grotte, comme à la Basilique ou au Rosaire, point de places retenues, point de passe-droit ; toutes les classes sociales sont confondues, tous sont égaux devant la Sainte Vierge.

Si, pourtant, on fait certaines distinctions et voici comme. Subissant l'influence de cette charité mutuelle qui rayonne partout à Lourdes, des malades nous signalent ceux d'entre eux qui souffrent le plus et nous demandent de les faire passer les premiers.

Détail aussi touchant : à l'intérieur, en attendant leur tour d'être baignés, ils tâchent de s'entr'aider, ils s'encouragent les uns les autres, ils prient pour celui qu'on plonge dans l'eau miraculeuse, ils oublient, d'un mouvement spontané, leurs propres douleurs pour compatir à celles du voisin. C'est là un des plus sublimes effets de la Grâce telle qu'elle agit à Lourdes. Et cette manifestation de la solidarité chrétienne se produit sans cesse et parmi tous les pèlerinages. Je l'ai remarquée chez les Bretons comme chez les Provençaux, chez les Normands comme chez les Limousins, chez les Allemands comme chez les Siciliens, chez les Hollandais comme chez les Espagnols, chez les Polonais comme chez les Tunisiens, chez les Ecossais comme chez les Asiatiques.

Toutes les nations de la terre viennent ici, avec des mœurs et des habitudes différentes ; toutes y forment un seul peuple uni par l'esprit de l'Eglise. On prie dans toutes les langues ; on demande les mêmes choses dans des termes identiques. C'est ainsi que s'allument ces brasiers de foi qui, consumant les portes du Ciel, en font descendre, en coups de foudre, les miracles.

Mais ces dépouillements de soi-même, c'est, je le répète, chez les malades qu'ils sont le plus admirables. Entre mille, en voici deux exemples que j'ai retenus comme tout à fait caractéristiques.

Dans la première quinzaine de juillet, nous eûmes à baigner un ingénieur, encore jeune et venu isolément d'Annonay. Fort intelligent et fort cultivé, il possédait une foi très vive qui l'aidait à supporter son mal. Il souffrait d'une affection d'origine arthritique. Sa jambe gauche, du sommet de la cuisse au bout du pied, était enflée d'une façon monstrueuse : ce n'était plus qu'une masse informe, pleine de croûtes et de plaies suppurantes, qui lui causait des douleurs atroces au moindre mouvement. Malgré toutes nos précautions, la souffrance était telle que le déshabillage, la plongée et le rhabillage lui arrachaient des cris. Trois jours de suite, et deux fois par jour, avec une énergie et une confiance totales, il vint se soumettre à cette torture renouvelée. Aucune amélioration ne se produisit.

Le dernier jour, il passa le premier. Une dizaine de malades, peu gravement atteints, se déshabillaient eux-mêmes pendant que nous disposions la sangle pour descendre l'ingénieur dans la cuve. Certains d'entre eux, comme il arrive quelquefois, marquaient de l'appréhension. D'autres leur avaient sans doute dit combien l'eau était froide. Quelle que fût leur foi, la nature se révoltait en eux. Ils ne parlaient pas, il priaient mentalement, mais l'angoisse se peignait sur leur figure. De son côté, l'ingénieur les observait.

Nous l'enlevons, nous le plaçons sur la sangle, nous le plongeons. A notre grande surprise, pas un cri, pas un soupir. Au contraire, une fois dans l'eau, voilà un homme qui s'étale, prend ses aises, s'asperge lui-même, prononce les invocations d'une voix ferme, absolument comme s'il était là pour son plaisir.

Quand il fut retiré, comme le vicaire d'Oran et moi nous le rhabillions, je lui dis : — Eh bien, il me semble que cela va mieux. Jamais vous n'aviez montré tant d'endurance.

Il me répondit à voix basse : — Non, cela ne va pas mieux; j'ai souffert peut-être encore plus que de coutume. Mais en regardant ces pauvres gens qui paraissent avoir si peur, il m'est venu à l'idée de leur montrer que ce bain, ce n'était pas bien terrible. J'ai voulu leur donner du

courage afin qu'ils puissent prier sans distraction...

Le vicaire et moi, nous nous regardâmes, les
larmes aux yeux. Puis, d'un tacite accord,
nous nous penchâmes sur ce héros pour l'embrasser.

Certes, il méritait qu'on l'admirât. Mais nous
avons vu un oubli de soi-même encore plus
touchant.

L'exemple nous en fut fourni par un pauvre
paysan du pélerinage des Landes. Ce brave
homme, âgé d'une cinquantaine d'années, était
paralysé au point de ne pouvoir remuer un
seul membre ; de plus, des plaies affreuses lui
couvraient tout le corps, dégageant une odeur
fétide. Comme il ne pouvait ni bouger, ni
s'aider lui-même, nous étions obligés de nous
mettre à six pour l'étendre sur une planche et
le plonger. Mais il témoignait d'une patience et
d'une piété qui nous remuaient profondément
et qui nous l'avaient fait prendre en affection.
Trois jours de suite, il fut baigné sans aucun
résultat. Sa foi n'en fut pas ébranlée ; au contraire, il semblait que les déceptions l'avivas-
sent. La veille du jour où son pèlerinage devait
repartir, il obtint de passer la nuit en prière à

la Grotte, en compagnie du jeune brancardier qui s'occupait plus particulièrement de lui.

Le lendemain, il vint à la piscine, comme d'habitude. Trempé une dernière fois, il sortit de l'eau, toujours inerte : pas la plus légère amélioration ne s'était produite. Cependant sa figure recueillie ne marquait nul découragement ; une sérénité lumineuse lui emplissait les prunelles. Nous nous empressions autour de lui et nous lui rappelions qu'il arrive souvent que la Sainte Vierge guérisse, de retour chez eux, les malades qu'elle ne favorisa pas à la piscine.

Alors il nous dit : — Non, je ne guérirai pas. D'ailleurs, j'ai demandé, cette nuit, à la Sainte Vierge qu'elle me laisse mes maux et qu'elle les accepte pour le rachat des péchés de ma paroisse dont la plupart des habitants sont des impies. Et j'ai *senti* qu'elle m'exauçait. Ne me plaignez pas : je suis très heureux.

Nous demeurâmes dans l'admiration à écouter cet humble qui, par son abnégation magnifique, s'égalait presque aux grandes victimes volontaires de la loi de substitution : Sainte Lydvine, la sœur Catherine Emmerich, d'autres encore.

Au surplus, je sais pertinemment que de belles âmes, affligées de maux atroces, viennent à Lourdes, non pour guérir, mais pour assumer les souffrances d'autrui et pour obtenir que des miracles, dont elles ne seront pas l'objet, éclatent à la gloire de la Sainte Vierge. J'ai pu causer avec quelques-unes d'entre elles, me réchauffer à ces foyers d'amour évangélique, et leur contact me fit du bien. Mais je ne les nommerai pas car elles veulent que leur sacrifice demeure ignoré. Ces merveilles de la charité réclament le silence et le secret : Dieu les connaît et cela leur suffit...

On nous amenait aussi à la piscine de tout jeunes enfants, atteints le plus souvent de maladies horribles. On les groupait ensemble et on les faisait entrer, avec leurs mères, lorsque les hommes avaient fini de se baigner.

Moi qui aime tant les petits, j'avais obtenu de m'occuper plus particulièrement d'eux. La tâche était assez compliquée. D'abord, il fallait rassurer et calmer les mères qui, pour la plupart, pleuraient à gros sanglots et multipliaient les recommandations. Puis un grand nombre de ces pauvres enfants, ne comprenant pas ce qu'on leur voulait, se débattaient en criant et l'on avait toutes les peines du monde à les tremper comme par surprise. J'avais, du reste, un moyen de les apaiser : je gardais, dans la poche de mon tablier, une boîte de bonbons dont j'usais à propos : un bonbon avant d'entrer dans l'eau, un bonbon en en sortant — cela réussissait presque toujours.

Mais que j'aurais voulu les voir tous guérir ! C'est là une des peines qu'il faut supporter à la piscine. On s'attache aux malades ; le cœur se brise à considérer tant de souffrances ; on partagerait volontiers sa santé entre tous ces valétudinaires. Pour un peu on fondrait en larmes. Et, pourtant, il faut leur montrer un visage paisible et souriant, trouver des paroles réconfortantes, les inciter à la prière, prier en leur tenant les mains, essuyer la sueur de leur front, serrer contre soi des têtes d'où ruissellent des humeurs fétides. Eh bien la grâce spéciale à ce lieu de douleur et de foi est si forte que nul des baigneurs ne plie sous le faix ni ne déserte. La nature se soumet et l'âme, enflammée d'oraisons, déploie des ailes joyeuses.

Et il n'y a point d'interruptions : tous les jours la besogne recommence. Les pèlerinages succèdent aux pèlerinages, les équipes de bai-

L'ÉQUIPE DES BAIGNEURS PENDANT LA SECONDE QUINZAINE DE JUILLET.

gneurs aux équipes : l'esprit de charité demeure
le même.

Que je voudrais citer tant de héros formés
par l'Eglise. Mais ils sont trop... Voici pourtant
quelques noms : M. de Barbarin, sexagénaire,
qui s'occupait surtout à refaire les pansements.
Je l'ai vu demeurer penché, pendant cinq ou
six heures de suite, sur des plaies et des ulcères,
sans marquer jamais ni fatigue ni répulsion.
L'abbé Malbec qui s'attachait, par besoin de
dévouement, aux plus grands malades et qui,
dans un corps frêle, manifestait une âme intrépide. Un avocat de Bordeaux, Edmond Soula,
cultivé, lettré, brûlant de charité. Henri Eiglier,
interne des hôpitaux, Bonnard, ingénieur-électricien, Marseillais tous deux, tous deux, infatigables. Du pèlerinage d'Autun, Vairet-Baudot,
industriel, et ces deux séminaristes qui rivali-
saient de zèle : l'abbé Louis Bonnamour et
l'abbé Jannot. L'abbé Harmois, missionnaire
diocésain de Paris qui, âgé déjà et peu vigou-
reux, n'en arrivait pas moins le premier à la
piscine et en sortait le dernier. Fernand Las-
net, avocat angevin. Henry Noury, Nantais,
souffrant lui-même d'une plaie à la jambe et ne
pensant qu'aux autres. L'abbé Trouguet, curé

d'une paroisse du Gers, rencontré à Mirande chez l'abbé Baradat, retrouvé à Lourdes. L'abbé Blanchet, qui recherchait les cancéreux, les lupus, les quasi-cadavres. Berton, robuste fermier de la Charente-Inférieure, qui, miraculé de l'année précédente, témoignait sa reconnaissance à la Sainte Vierge par un labeur acharné, Emmanuel de Valbray, Lucien Guimard, et que d'autres encore, venus de tous les points de la France et de tous les pays du monde. Nous eûmes même, parmi nous, un jeune Chinois dont l'ardeur nous édifiait tous.

Je m'en voudrais d'oublier les hommes de cœur qui maintenaient l'ordre à l'entrée de la piscine ou passaient les journées à pointer les malades : M. de Bagneux, que, malgré son grand âge, l'on retrouvait solide au poste, tous les matins ; M. de Gastebois, le commandant Gourgas, etc.

Une amitié profonde unissait toutes ces âmes dévouées. La joie de travailler ensemble pour la Sainte Vierge créait entre nous des liens d'affection que rien ne pouvait rompre. Aux moments de presse, il s'élevait bien quelquefois de minimes controverses sur la façon la plus pratique de baigner les impotents ; mais cela ne durait guère. Celui qui s'était énervé demandait pardon à ses frères, avec une humilité touchante, et l'on finissait par s'embrasser.

Des gens s'étonnaient de notre endurance. On nous disait : — Mais, à la longue, vous devez vous trouver horriblement malheureux parmi ces maux et ces plaintes sans cesse renouvelés. — Pour moi, je leur répondais en toute sincérité : — Nullement ; j'ai le ciel dans le cœur.

En effet, c'est de trop penser à soi qui rend triste. Quand on a réussi à refouler le Moi geignant pour se vouer à autrui, quand, par surcroît, on reçoit docilement les impulsions de la Grâce de charité qui se manifeste si impérieusement à la piscine, on devient un autre homme et l'on demeure stupéfait d'accomplir des prouesses dont, partout ailleurs, la seule pensée vous ferait reculer.

L'autre jour, à Paris, avec l'un de nos plus zélés baigneurs, M. Vairet-Baudot, que j'ai cité plus haut, nous nous remémorions le temps que nous avions passé à Lourdes. Et nous tombions d'accord que, par dessus les cérémonies et les processions, nos souvenirs de la piscine rayonnaient en nous comme des étoiles...

V

MIRACULÉS

Une des questions le plus souvent posées aux pèlerins de Lourdes est celle-ci : Avez-vous vu des miracles ?

Pour moi, j'en vis et je les mentionnerai tout à l'heure. Mais il ne s'en serait point produit sous mes yeux que ma croyance aux guérisons obtenues par l'entremise de Notre-Dame de Lourdes n'en serait pas affaiblie. Car j'ai eu de longs entretiens avec quelques miraculés dont la bonne foi ne saurait être mise en doute. Et, d'ailleurs, comment pourraient-ils jouer la comédie ? La faveur dont ils furent l'objet eut souvent pour témoins des milliers de personnes. Puis ils sont soumis à des enquêtes rigoureuses et prolongées. Enfin l'Eglise ne déclare le miracle que quand la guérison s'est maintenue, sans la moindre rechute, pendant plusieurs années.

D'autre part, le bureau des constatations m'a été largement ouvert. Et ce ne me fut pas un privilège. Non seulement les médecins, quelles que soient leurs opinions, y sont admis, invités à examiner eux-mêmes les malades, fournis de tous les documents qu'ils réclament. Mais encore quiconque demande à se renseigner, soit comme écrivain, soit comme observateur, reçoit communication des dossiers, peut interroger les malades, stationne dans le bureau aussi longtemps qu'il lui plaît. Ici, comme partout à Lourdes, tout se passe au grand jour, rien n'étant à dissimuler.

Il ne faudrait pas croire, non plus, qu'on procède à l'examen des miraculés d'une façon sommaire. Le chef du bureau, le loyal et savant docteur Boissarie et son aide dévoué, l'aimable docteur Cox, épluchent, avec un soin scrupuleux, tous les cas qui se présentent. Les certificats les plus précis ne suffisent pas. Il faut avoir suivi les interrogatoires auxquels procède M Boissarie pour saisir à quel degré cet homme de bien pousse la recherche de la vérité. Quelle que soit l'évidence apparente du miracle, il garde un visage impassible, presse l'interrogé de questions précises, lui tend des pièges, met en doute ses assertions, ne laisse aucun détail dans l'obscurité et enfin le congédie, en l'engageant à revenir se faire examiner de nouveau. Cette prudence et cette réserve vont si loin que j'ai entendu des assistants, qui avaient fréquenté les malades mis sur la sellette, avant et après la guérison, qui avaient été témoins du miracle, grogner contre le docteur Boissarie et presque le taxer de mauvaise volonté à reconnaître l'intervention de la Sainte Vierge.

Mais lui n'en a cure. L'examen et l'interrogatoire terminés, il sollicite les médecins présents — il y en a parfois une vingtaine — de les recommencer ; il s'adresse plus particulièrement à ceux qui se déclarèrent tout d'abord incrédules. Il provoque les objections et ne s'en remet qu'aux faits les plus incontestables pour confondre les sceptiques.

Parmi les miraculés, il en est beaucoup qui reviennent, tous les ans, à Lourdes, remercier de nouveau la Sainte Vierge. La plupart s'embrigadent dans les hospitaliers : les femmes se font infirmières, les hommes brancardiers ou baigneurs, parfois les deux. Quelques-uns aussi ne bougent guère de la Grotte et passent tout leur temps à prier.

Voici d'abord deux jeunes filles dont le docteur Boissarie, qui me les présenta, tenait la guérison pour avérée et durable. J'étudiai leur dossier, je les interrogeai longuement et je demeurai dans l'admiration de ce que j'appris.

Louise Vergnac, née à Lamonzie-Montastruc, le 25 janvier 1885, élevée à l'orphelinat de Bergerac, fut atteinte en 1899 d'une carie des os du pied gauche d'origine tuberculeuse. Malgré un traitement énergique, le mal ne cessa d'empirer au point qu'en août 1901, on dut procéder à l'amputation. L'opération réussit et la malade fut pourvue d'un appareil qui lui permettait de marcher sans trop de difficultés, bien qu'elle ne cessât pas de souffrir.

Au mois de janvier 1904, Louise ressentit une douleur à la plante du pied droit ; elle l'attribua d'abord à un rhumatisme ; mais le pied enfla rapidement ; tous les remèdes échouèrent. Au mois d'avril, le médecin dut enfermer le membre dans un appareil plâtré. Louise ne put le garder que trois semaines. L'enflure augmentait, montait, envahissait la jambe jusqu'au genou. Les médecins déclarèrent alors qu'il fallait couper le pied.

La veuve Vergnac, mère de Louise, se désolait et voulut qu'on différât l'opération. Cependant l'état de la jeune fille allait en empirant. Elle devint tout à fait impotente et resta, six mois, du matin au soir, dans une petite voiture en proie à des souffrances continuelles. Alors on décida de recourir à la Sainte Vierge. — Louise Vergnac fut emmenée par le pèlerinage de Périgueux. Pendant tout le voyage, elle souffrit si fort qu'elle ne cessa guère de pleurer.

Je laisse maintenant la parole à M. l'abbé Goulard, professeur au petit séminaire de Bergerac, qui assista Louise pendant sa maladie et se trouvait à Lourdes lors de sa guérison. Il a publié sur le cas de la jeune fille un travail fort intéressant, corroboré des certificats médicaux les plus probants.

Ce fut le 8 août 1904 que le miracle eut lieu.

« Après une nuit qui a paru bien longue, dès l'arrivée à Lourdes, le lundi matin, Louise a été déposée dans la chapelle de l'hôpital de Notre-Dame des Sept-Douleurs. Elle fait la sainte communion ; dans son action de grâces, en demandant sa guérison, elle éprouve une grande ferveur.

» Au réfectoire, elle ne peut rien prendre; mais ses larmes ont cessé et il lui tarde d'aller à la Grotte.

» Là elle prie mieux que jamais. En récitant son chapelet, elle reporte obstinément sa pensée sur les mystères douloureux. Sa prière se continue, toujours la même, pendant qu'on la mène avec les autres malades aux divers exercices du pèlerinage.

» A 1 h. 1/2 elle est revenue devant la Grotte; et pendant près de deux heures sa prière ne l'empêche pas de ressentir le mal de son pied, aussi vif et aussi torturant qu'à Bergerac.

» A 4 heures, tous les autres malades ont été plongés dans la piscine. Louise va venir la dernière.

» C'est le 8 août. Il y a trois ans, jour pour jour, qu'elle est entrée à l'hôpital de Bergerac pour subir l'amputation du pied gauche.

» Cette date sera désormais un double anniversaire.

» Quatre infirmières la retirent de sa voiture et se préparent à la plonger dans le bain. Quand, par mégarde, elles touchent même légèrement le pied droit, Louise pousse un cri de douleur.

» A peine le pied a-t-il atteint l'eau de la piscine que la malade éprouve une recrudescence de mal; il lui semble que sa jambe plonge dans l'eau bouillante; cette impression dure trois ou quatre minutes...

» Puis le mal cesse tout d'un coup...

» Une fraîcheur agréable succède aussitôt dans le pied à la chaleur brûlante...

» A la sortie du bain l'aspect extérieur de la jambe est le même, mais toute douleur a disparu... Louise sent bien qu'elle est guérie.

» Elle laisse replier son pied dans les bandelettes de toile; on la remet dans sa voiture; mais quand M. l'abbé A. Giraudel, son pieux brancardier, l'emmène, elle ne peut maîtriser sa joie, s'empresse de lui dire: « Je suis guérie ! J'appuie mon pied. Je ne sens plus de mal. »

» A la vue de sa mère, le même cri s'échappe de son cœur :

» Maman, je suis guérie !

» La mère, qui n'a jamais partagé la pleine confiance de sa fille, ne peut encore croire à son bonheur. « Tais-toi, répond-elle. Tu te l'imagines. Dans un instant tu souffriras peut-être plus que jamais. »

« C'était l'heure de la procession. Louise s'unit aux prières de tous les pèlerins ; elle ne demande plus sa guérison ; elle remercie.

« Dès qu'elle est arrivée à l'hôpital de Notre-Dame des Sept-Douleurs avec sa fille, la mère Vergnac déplie le pied ; elle constate que l'enflure de la jambe a presque disparu ; la peau, trop étendue pour le volume réduit, s'est ramassée et plissée en une foule de rides : le pied a encore une grosseur un peu anormale.

« Au repas du soir, Louise a bon appétit; elle mange tout ce qu'on lui présente. Elle sent d'avance qu'elle va réparer de longues insomnies et dormir d'un profond sommeil. Elle recommande à sa mère de ne pas l'éveiller quand elle reviendra de la procession aux flambeaux.

« La mère observe mal la consigne ; elle doute encore ; elle désire s'assurer que sa fille ne souffre plus. Réveillée à dix heures, Louise lui dit : « O maman, si tu m'avais conduite ici, il y a trois ans, j'aurais encore mon autre pied. » Elle se rendort aussitôt et reste immobile jusqu'au matin.

« Le mardi, elle se lève seule, appuie son pied à terre sans la moindre douleur ; l'enflure, dont il ne reste que des traces, lui permet de prendre son bas. Sa mère a peur que le soulier la blesse, et elle lui procure une pantoufle. On lui adapte son appareil à la jambe gauche ; elle marche assez aisément ».

Bientôt, et avant même le retour à Bergerac, toute trace du mal avait disparu. Depuis, comme je l'ai constaté, Louise Vergnac se porte on ne peut mieux.

Tous les ans, elle revint à Lourdes rendre grâces et se présenter au docteur Boissarie. C'est ainsi que je la rencontrai, un matin où je passais, pour me rendre à la piscine, devant le bureau des constatations. Le docteur m'appela du geste et me dit : — Tenez, voilà une petite fille qui a été guérie par la Sainte Vierge. Elle va vous raconter son histoire.

Je m'assis sur une banquette, à côté de

Louise, et je commençai à l'interroger. Elle
était coiffée d'un petit bonnet de linge et gardait un grand panier, plein de provisions, sur
ses genoux. Sa figure ronde, d'expression enfantine, portait les couleurs de la santé. Ce qui
me frappa surtout, ce fut l'extraordinaire pu-
reté de ses yeux gris. On y découvrait une
âme sans péchés, recluse dans la pratique paisible des vertus chrétiennes. Du reste, nulle
exaltation. Je voudrais pouvoir rendre le ton
raisonnable et posé de sa voix tandis qu'elle
me narrait les circonstances de sa maladie et
de sa guérison.

Quand je fus au courant, je lui demandai :
— Aviez-vous un très grand espoir de guérir,
lorsque vous êtes partie pour Lourdes?

—Pour dire la vérité, me répondit-elle, je
ne m'y attendais pas trop. Depuis qu'il avait
été décidé que je serais du pèlerinage, je disais
mon chapelet en demandant tous les jours, à la
Sainte Vierge de s'occuper de moi. Mais je me
disais aussi qu'elle n'en aurait peut-être pas le
temps (*sic*).

— A quoi pensiez-vous, en allant à la piscine?

— Oh! à rien du tout. J'étais comme sans

connaissance. Je souffrais tellement que je ne pouvais pas suivre les prières qu'on faisait autour de moi. Quand on m'a déshabillée pour me plonger, j'avais peur et mon pied lançait si fort que je ne pouvais pas m'empêcher de crier. Je me suis débattue et tout à coup j'ai senti comme si on me versait du feu sur la jambe... Puis voilà que je ne sentais plus rien : le mal était parti comme si on l'avait enlevé avec la main. Et j'ai vu tout de suite que j'étais guérie.

— Et alors, vous avez remercié la Sainte Vierge ?

— Mais naturellement.

Ces deux derniers mots furent articulés fort simplement, sans mimique exagérée, ni roulement d'yeux, ni simagrées quelconques. Et c'était d'autant plus empoignant.

Je repris : — Et maintenant, vous allez tout à fait bien ?

— Je n'ai pas été malade une heure. Tenez, regardez mon pied...

Elle le fit évoluer devant moi dans tous les sens avec une parfaite aisance. Puis, elle ajouta : — C'est tout de même dommage qu'on n'ait pas pensé plus tôt à s'adresser à la Sainte Vierge. J'aurais encore mon pied gauche.

— Oui, approuva, d'une voix assez bourrue, sa mère qui l'accompagnait, les médecins ils ne connaissent que leurs couteaux. J'aurais dû les envoyer promener tout de suite et amener Louise à Lourdes dès que çà a commencé. La Sainte Vierge n'aurait pas demandé mieux que de la guérir au début.

Cependant le bureau s'était rempli de cu-rieux qui, ayant saisi quelques phrases de notre conversation, stationnaient devant nous et dévoraient Louise du regard. Elle s'en trouva gênée et me dit à l'oreille : — Cela m'ennuie d'être regardée ainsi. Je vous en prie, demandez au docteur Boissarie qu'il me laisse m'en aller.

Je transmis sa requête au docteur, qui répondit, en faisant la grosse voix : — Non, non, il faut que Louise reste là et qu'elle réponde à ceux qui l'interrogeront. Quand on a été guéri par la Sainte Vierge, c'est bien le moins qu'on s'ennuie un peu pour Elle.

Louise fit la moue. Mais elle se résigna. Toutefois il était, évident que l'attention dont elle était l'objet la mettait au supplice. J'ai souvent constaté cette modestie chez les miraculés. Il est bon qu'ils demeurent humbles, car la tentation est forte pour eux de « caboliner », de jouer la personnalité notoire qui se laisse exhiber avec complaisance.

Rien de pareil chez Louise. Elle n'avait qu'une idée : filer à la Grotte et s'y cacher dans un petit coin pour remercier *tranquillement* la Sainte Vierge.

Quelques jours après, je fus présenté à Noémie Nightingale, une jeune Anglaise, âgée de quinze ans, qui fut guérie, à la Grotte, d'une surdité totale. Le miracle eut lieu le 21 mai 1908. J'avais lu son dossier. Mais je préfère publier la lettre où elle raconte sa guérison. Les détails qu'elle donne sont d'une entière exactitude. Voici :

» Vous m'avez demandé le récit de ma maladie et de ma guérison ; voici ce que j'ai à vous dire :

» Je suis, à présent, âgée de quinze ans, étant née en 1893. A l'âge de quatre ans, j'ai eu la rougeole ; c'est après cette maladie que je suis peu à peu devenue sourde. J'ai eu, dans les deux oreilles, une suppuration qui a duré deux ans.

» En 1897, on m'a fait une opération pour m'enlever des végétations, et aussi parce que, en ce temps-là, j'avais encore des abcès dans les oreilles. Le spécialiste qui a fait cette opération se nomme Cumberbatch;

toutefois, c'est le docteur Hetley qui m'a généralement soignée.

» Après l'opération, j'entendais beaucoup mieux, mais le tympan de l'oreille *droite* était percé, depuis le temps que j'avais des abcès dans les oreilles. Je continuai d'entendre assez bien (excepté quand j'étais enrhumée), jusqu'à l'âge de dix ans. Quand j'avais un rhume, je n'entendais que si on parlait très haut.

» En 1903, nous sommes allés en Suisse, à Pontrecina, près de Saint-Moritz. Il y faisait excessivement froid, et, tout d'un coup, je suis devenue presque complètement sourde. Emmenée à Glion, pour voir si la chaleur ferait revenir l'ouïe, j'y devins de plus en plus sourde. On me conduisit alors chez le docteur Jacté, près de Genève, pour suivre une « cure Kneipp », et j'y suis restée quatre mois.

» Je continuai d'entendre plus ou moins bien, pendant 18 mois, avec mon oreille *gauche*; car, depuis l'opération de 1897, le tympan de l'oreille *droite* était percé, et je n'entendais rien avec cette oreille-là.

» Nous avons passé l'été de 1905 à Trouville. Au mois de septembre, des amis remarquèrent que, si je ne voyais pas la bouche de la personne qui me parlait, je n'entendais absolument rien. Papa ni maman ne voulurent d'abord le croire, mais, après avoir bien examiné la chose, on a vu que vraiment je ne comprenais que le langage des lèvres.

» Lorsque nous sommes rentrés en Angleterre, mes parents consultèrent plusieurs médecins ; les Docteurs Lister, Gordon-Dill et Hetley ; ce dernier nous a conseillé de recourir au spécialiste Cheatle, qui est à présent l'auriste de la reine d'Angleterre.

« Cheatle a dit que j'étais bien, bien sourde, mais que, peut-être, avec une opération, on pourrait me faire entendre de l'oreille gauche, mais que l'oreille droite était perdue.

» L'opération fut fixée par Cheatle au mois de novembre 1905. Dans les premiers temps qui suivirent l'opération, j'ai bien entendu de l'oreille gauche; mais bientôt je n'entendis plus qu'avec difficulté.

» Je continuais d'entendre de l'oreille gauche, lorsqu'on parlait haut. Il en fut ainsi jusqu'au mois de novembre 1907. A partir de ce moment, j'ai été complètement sourde, mais, comme je comprenais très bien le langage des lèvres il m'est impossible de dire le moment précis où j'ai perdu l'ouïe.

» Le docteur Hetley, qui visite deux fois par semaine le Couvent où j'étais pensionnaire, m'a parlé un jour (je crois que c'était en mars), avec la main devant la bouche. Il paraît que je n'ai rien pu lui répondre Comme il savait que je comprenais le langage des lèvres, il a, alors, essayé de ce système, mais s'est rendu compte que je n'entendais plus ainsi qu'avec peine, et a déclaré que mes oreilles étaient en très mauvais état; il me conseilla, enfin, d'aller voir M. le docteur Cheatle.

» Je suis allée le voir en mars. La première fois, il m'a trouvée bien sourde; il espérait cependant qu'avec la chaleur de la *Riviera*, — où il nous engagea à nous rendre sans tarder, — l'ouïe me reviendrait, peut-être.

Mais, dix jours plus tard, quand je suis allée le voir il a constaté que je n'entendais à peu près plus du tout.

» Cette fois, il a dit que nous devions aller chercher le soleil, le remède du ciel, mais ne nous donna pas grand espoir de guérison et déclara que les médecins ne pouvaient plus rien faire pour moi, qu'il n'était pas dans leur pouvoir de me guérir.

» Nous sommes partis pour Beaulieu, où nous avons passé six semaines. Aucune amélioration ne se produisit, et lorsque, tout dernièrement, nous sommes arrivés à Argelès, j'étais *complétement sourde*. Je n'entendais ni les cloches, ni le tonnerre, ni les trains, rien du tout. Jusqu'au jour où j'ai été guérie à la Grotte de Lourdes, je n'ai plus rien entendu.

» L'histoire de ma guérison est bien simple. Jeudi dernier, 21 mai, l'après-midi, je disais mon chapelet à la Grotte pour les âmes du Purgatoire ; il était 6 h. 45 quand, tout d'un coup, j'ai senti des douleurs dans les oreilles.Pensant que cela n'allait pas être grand chose, je n'ai rien dit. Mais ces douleurs sont devenues de plus en plus violentes, au point que je n'ai jamais éprouvé de souffrances aussi fortes de ma vie ; ce furent de véritables angoisses pendant quatre minutes ; je crus en perdre la tête ; avec ces douleurs, il me semblait que j'étais endormie, dans un rêve ; je ne voyais personne autour de moi, je ne me rappelle de rien de se qui se passa alors, jusqu'au moment où l'on chanta le *Magnificat*. C'est la première chose que je me rappelle avoir entendue.

Noémie Nightingale.

» Naturellement, je me demandais ce que c'était, ne pouvant pas croire que, par un prodige, j'étais guérie, et cependant je ne m'étais pas trompée : c'était vrai, bien vrai, j'étais guérie.

» Mon père, qui est resté à Londres, a peine à croire à ma guérison, que nous lui avons annoncée dans nos lettres. »

Accompagnée de sa mère, Mlle Nightingale se trouvait, comme Louise Vergnac, au bureau des constatations, quand je fis sa connaissance. Le docteur Boissarie venait de constater que la guérison se maintenait parfaite. Nous sortîmes sur l'esplanade. La jeune fille allait et venait, avec une mine d'allégresse qui prouvait sa joie du miracle dont elle avait reçu la faveur. Elle parlait le français avec un léger accent mais avec un choix de termes et une vivacité d'expression qui démontraient une intelligence très ouverte et très cultivée.

— Eh bien, mademoiselle Rossignol (1), lui dis-je, vous qui portez un si joli nom, voudriez-vous me dire si vous espériez votre guérison ?

— Pas du tout. Cela fut si imprévu !... Déjà, depuis assez longtemps, je ne demandais plus

(1) On sait que *nightingale* signifie rossignol, en anglais.

à la Sainte Vierge que la résignation. Du reste, comme vous l'avez lu dans ma lettre, j'avais si bien pris mon parti de ma surdité qu'à la Grotte, je priais toujours pour tous ces pauvres malades qui me faisaient tellement pitié et aussi pour les âmes du Purgatoire. Cela me consolait de m'occuper d'eux.

— Et alors, c'est d'une façon soudaine que vous avez entendu *Magnificat* ?

— Mais oui, tout à coup, après une douleur si forte que je croyais tomber en faiblesse. Ah ! certes, quelques minutes auparavant, je ne me doutais pas du tout de ce qui allait m'arriver. Le bonhomme de la Grotte qui allume les cierges et qui avait constaté depuis plusieurs jours combien j'étais sourde, en était tout ébahi. J'ai l'intention de lui donner mon portrait.

— Et à moi aussi, j'espère ? Cela me ferait plaisir.

— Eh bien, à vous aussi...

Quelques personnes s'approchèrent pour la féliciter. Un brancardier de mes amis, le comte des Grottes, m'avait rejoint. Nous nous écartâmes à quelques pas et il dit, presque à mi-voix, dans le but de faire une expérience : —

Je voudrais bien savoir si, à cette distance, Mlle Nightingale entend que je parle d'elle.

Noémie se retourna vivement : — Mais oui, Monsieur, je vous entends très bien, s'écria-t-elle. Voulez-vous que je vous répète vos paroles ?

Et elle se mit à rire.

J'ai noté, en effet, chez la plupart des miraculés avec qui j'eus l'occasion de m'entretenir, une joie exubérante. La chose est facile à concevoir quand on réfléchit que beaucoup de ces infortunés reviennent du seuil de la mort. Ils arrivent à Lourdes, abandonnés par la science humaine, en proie à des tortures incessantes. Certains gardent l'espoir de guérir ; d'autres ne demandent qu'un soulagement ou la force de supporter leurs douleurs ; d'autres, enfin, ne vivent plus que d'une vie végétative et, envahis d'un commencement de coma, ne sentent la pensée veiller en eux que comme un lumignon qui vacille dans les ténèbres et ne tardera pas à s'éteindre. Et voici que tous passent, sans transition, de l'agonie à la pleine santé. Il semble, toutes proportions gardées, qu'ils doivent ressentir quelque chose d'analogue au bonheur d'une âme qui sort du Purgatoire pour entrer en Paradis.

Et que dire de ceux qui ne possédaient pas la foi, qui se targuaient de leur incroyance et qui ne vinrent à Lourdes que sur les instances d'un entourage croyant ou que pour adoucir le chagrin d'une mère pieuse.

— Je suis perdu, se disent-ils, dès lors peu m'importe ce qu'on fera de moi.

Ce fut le cas de Gargam.

Son histoire a été si souvent racontée, notamment dans les livres si précis et si complets du docteur Boissarie, que je ne la reprendrai pas dans le détail. Je rappelle seulement qu'à la suite d'un accident de chemin de fer, Gargam, atteint d'un traumatisme de la moelle épinière, se trouva tout à fait paralysé. De plus, son estomac ne supportait que des quantités de nourritures infimes ; il ne dormait plus ; il souffrait de douleurs intolérables. Enfin, à son arrivée à Lourdes, la gangrène avait envahi ses membres inférieurs. Il résista longtemps aux supplications de sa mère qui, le sachant condamné par les médecins, n'espérait plus que dans la Sainte Vierge. Il ne céda que « pour avoir la paix ».

Pendant le voyage, il refusa de prier et, un

peu avant l'entrée en gare, comme sa mère l'engageait à lever les yeux vers le grand Crucifix qui surmonte la montagne dite du Calvaire, il détourna la tête d'un air d'ennui.

C'était donc un incrédule total.

Le 20 août 1901, on le porta sur une civière à l'esplanade, afin qu'il reçût la bénédiction du Saint-Sacrement. Il avait perdu connaissance ; son visage avait pris une teinte bleue ; son corps était glacé. Il semblait si près de mourir que les brancardiers étaient sur le point de le reporter à l'hôpital, afin que la vue de ce cadavre n'effrayât pas les autres malades.

— Non, laissez-le, s'écria la personne qui l'accompagnait, s'il meurt, je lui couvrirai la figure ; et on l'enlèvera après la bénédiction.

Le Saint-Sacrement passe parmi les chants et les invocations. A peine le signe sacré a-t-il été tracé au-dessus de la tête de Gargam, que celui-ci se lève, quitte la civière et fait quelques pas en s'écriant : « Sainte Mère de Dieu, je vous remercie ! »

Il était guéri...

Comme tous les ans, depuis le miracle, Gargam est venu à Lourdes en août 1908, pour

faire le service de brancardier et de baigneur à
la piscine. On pense bien que nul plus que lui
n'est l'objet de la curiosité des pèlerins. Pour
ma part, des malades, des prêtres, des âmes
pieuses, me demandèrent s'il était là ou s'il
arriverait bientôt. La question m'a été posée
trente ou quarante fois.

Dès qu'il fut là, je m'empressai de faire sa
connaissance. Je vis un homme de 35 ans environ, d'une taille au-dessus de la moyenne.
Tous ses mouvements indiquaient une parfaite
santé, comme son teint clair et sa parole aisée.
Trois choses me frappèrent surtout en lui, tandis
que nous travaillions ensemble à la piscine ou
que nous nous promenions en causant : la douceur lumineuse de son regard, la netteté de sa
diction et la rectitude de ses jugements. Gargam est un des hommes les plus *raisonnables*
que j'aie connus.

Je lui demandai si, en effet, il était resté
incrédule jusqu'à la dernière minute et ce
qu'il avait ressenti au moment de la guérison.

Voici sa réponse : — Le jour même, pendant qu'on me plongeait dans l'eau de la piscine, j'eus quelques velléités de croire ; je répé-

tai même les invocations à la Sainte Vierge qu'on prononçait autour de moi. Mais cela ne dura pas. Je retombai dans cet état d'impatience irritée où je me trouvais depuis mon départ d'Angoulême. Je me disais : à quoi bon, à quoi bon, tout cela?... A la bénédiction du Saint-Sacrement, j'étais presque inconscient ; je me sentais dans une sorte de léthargie. Tout à coup la vie est entrée en moi à flots : littéralement, je ressuscitais et, en même temps, comme une flèche de feu, la foi pénétrait dans mon âme et s'y installait pour n'en plus sortir...

On se doute bien qu'un double miracle comme celui dont Gargam reçut la faveur porte ses fruits. Pour preuve, le fait suivant qu'il me rapporta, fort simplement, quelques jours plus tard.

Une famille marseillaise était venue à Lourdes, accompagnée d'une amie protestante, d'une foi, du reste, passablement tiède. Celle-ci se déclarait incrédule aux miracles et se sentait plus portée à railler qu'à prier.

Pourtant, à la Grotte, la Grâce la toucha et devint si pressante que l'hérétique demanda bientôt à rentrer dans le giron de l'Eglise.

Pleins de joie, ses amis la firent instruire ; elle marqua, pendant quelque temps, beaucoup de bonne volonté. Mais, soudain, comme le jour de son abjuration était déjà fixé, l'esprit d'orgueil la ressaisit. Elle dit, d'une façon fort nette, qu'elle en resterait là, vu que l'intervention divine, dans l'état de son âme, ne lui semblait plus assez évidente.

Désolés, ses compagnons ne savaient comment s'y prendre pour la ramener, d'autant qu'ils ne voulaient pas donner un caractère d'obsession à leur sollicitude et que, l'aimant beaucoup, ils ne cessaient de souhaiter le salut de son âme. L'idée leur vint de s'adresser à Gargam. Ils ne le connaissaient pas mais ils l'avaient vu à l'œuvre et ils savaient son histoire. Ils lui écrivirent une lettre, lui demandant un entretien. Le miraculé le leur accorda aussitôt. Une fois au courant des choses, mis en présence de la protestante, il se contenta de lui raconter comment lui-même avait été guéri dans son âme et dans son corps. Oh ! ce ne fut ni un prêche à grands éclats de voix, ni une enfilade d'exhortations dévotes. Tel que je connais le calme et judicieux Gargam, je me le représente très bien dans ses fonctions d'apôtre. Il dit les faits et laissa l'hésitante conclure d'elle-même. Résultat : la Grâce revint avec abondance. Quarante-huit heures après, la protestante vaincue demanda le baptême.

— Je lui ai servi de parrain, conclut Gargam avec son tranquille sourire, et voilà une recrue de plus pour la Sainte Vierge...

Je parlerai maintenant de deux miracles dont je fus le témoin.

Un matin, à la piscine, on nous amena un jeune homme de vingt-sept à vingt-huit ans, qui paraissait bien bas. Les brancardiers interrogés nous apprirent qu'il était atteint de tuberculose pulmonaire et qu'on le considérait comme à peu près perdu. Son corps brûlait d'une fièvre ardente, sa face, d'une pâleur verdâtre, offrait cette expression rigide qui annonce la fin. Tandis que nous nous empressions autour de lui, il demeurait inerte, semblant ne rien voir, ne rien entendre.

Quelqu'un dit : — Ce pauvre garçon est trop souffrant pour qu'on lui inflige la plongée. Nous pourrions nous contenter de lui faire une lotion sur la poitrine, en récitant les prières.

Mais alors, le malade, cherchant à se dresser sur son brancard, fit signe qu'il voulait parler. On se pencha sur lui et on saisit les mots suivants qu'il balbutiait d'une voix presque éteinte :

— Je vous en prie, baignez-moi... J'ai fait vœu à la Sainte Vierge de me tremper dans la piscine et j'ai confiance dans sa bonté.

A moins que la chose ne soit tout à fait impossible, il est de règle de suivre la volonté des malades.

Nous déshabillons donc l'infortuné, en prenant les plus grandes précautions, et nous le descendons dans l'eau, juste le temps de le plonger et de le retirer. Inerte, presque aphone, il ne put, naturellement, dire les invocations. Mais à toute son attitude, à la flamme soudain ravivée de son regard on devinait qu'il proférait mentalement la plus ardente des prières.

Nul signe de guérison ne se manifesta. Quand nous l'eûmes rhabillé et que les brancardiers le remportèrent à l'hôpital, il paraissait évanoui. Notre impression à tous fut qu'il ne vivrait plus longtemps.

Le lendemain, nous venions de commencer la baignade, quand un jeune homme se présente à l'entrée de la piscine. Il entre d'un pas alerte et nous dit d'une voix joyeuse et sonore : — Bonjour, Messieurs, c'est moi ; je suis guéri.

Nous le regardions, étonnés, ayant peine à le reconnaître. Il reprend : — C'est moi le tuberculeux que vous avez baigné hier. J'étais presque mort, n'est-ce pas ? Eh bien ! la Sainte Vierge m'a guéri.

Et, en effet, c'était lui, mais combien transformé ! Tout émus, nous l'interrogeons sur les circonstances du miracle. Voici ce qu'il nous raconta :

— Lorsqu'on m'eut ramené à l'hôpital, on m'étendit sur mon lit. Je restai là une heure, dans un état d'anéantissement physique tel que je n'eus même pas la force de répondre par un signe à une infirmière qui me demandait comment je me trouvais. Cependant je possédais toute ma lucidité d'esprit et j'avais la conscience très nette de ce qui se passait en moi. Peu à peu, je sentis se dissiper cette sensation d'attente angoissée qui me raidissait l'âme depuis mon retour de la piscine ; un grand calme se fit en moi. Je restai quelques minutes à jouir de cette paix merveilleuse qui se substituait si doucement aux affres de la fièvre et aux alternatives d'incertitude et d'espérance qui m'avaient bouleversé jusqu'alors. Tout à coup, j'entendis comme une voix qui me disait : « lève-toi ! » Et, en même temps, je sentis une douleur violente dans toute la poitrine. Ce ne fut qu'un éclair. Aussitôt, je me trouvai plein de vigueur, sans fièvre ni étouffements. Et moi, qui ne mangeais pour ainsi dire plus, depuis quelques jours, j'éprouvai une faim dévorante. Je sautai à bas de mon lit, en criant : je suis guéri !... Et c'était vrai : j'ai mangé comme quatre depuis hier, j'ai dormi d'un sommeil profond toute la nuit. Je marche, je parle, je suis ressuscité.

Un médecin qui se trouvait là lui tâta le pouls : nulle fièvre ; il battait avec une régularité parfaite. D'ailleurs, il suffisait de comparer cette figure colorée, cette aisance de mouvements, à la face livide et à la prostration de la veille pour ne garder aucun doute sur l'évidence du miracle.

Nous félicitâmes le jeune homme. Je lui demandai si, lorsqu'il avait exigé qu'on le baignât, il pressentait que cette dure épreuve lui vaudrait sa **guérison.**

— Pas précisément, me répondit-il, me sachant condamné par les médecins, j'étais venu à Lourdes avec l'idée de me remettre entièrement dans les mains de la Sainte Vierge : rien de plus. Seulement, lorsqu'on proposa de ne me faire qu'une lotion sur la poitrine, j'en éprouvai, à la seconde même, un grand chagrin. Quelque chose me dit qu'il fallait prouver à la Sainte Vierge à quel point j'avais confiance en Elle. C'est pourquoi j'ai demandé qu'on me baignât tout le corps...

Il se plongea de nouveau, sans aucune aide, dans la piscine, récita, d'une voix claire, les invocations et se rhabilla tout allègre.

Nous l'envoyâmes au bureau des constatations. Par la suite, le docteur Boissarie m'apprit que les cavernes de ses poumons étaient à peu près cicatrisées et que le miracle paraissait probable.

Le jeune homme suivit, dans l'après-midi, la procession du Saint-Sacrement et, le soir, la procession aux lumières, en chantant à plein gosier comme s'il n'avait jamais été malade. Il quitta Lourdes le lendemain, sans que rien indiquât une rechute. Comme tous les miraculés, il sera l'objet de plusieurs enquêtes. Puis, l'Eglise se prononcera sur son cas. Mais je serais bien étonné si sa guérison ne se maintenait pas.

L'autre miracle, auquel j'assistai de tout près, eut lieu, pendant la bénédiction du Saint-Sacrement, sur l'esplanade du Rosaire (1).

On fermait la piscine à quatre heures. Ensuite, pour la plupart, les baigneurs ont coutume de se rendre sur l'esplanade, afin de seconder les brancardiers préposés à l'ordre et de recevoir la bénédiction.

Je me plaçais toujours au bas de la rampe qui monte vers le portail du Rosaire, à droite, quand on regarde la statue de la Vierge couronnée. J'avais ainsi devant moi toute l'esplanade : les deux lignes de malades assis dans leur voiture ou sur des bancs, couchés sur des brancards, suivant la gravité de leur état, et l'espace vide, au centre, où circulent le Saint-Sacrement et son cortège.

(1) Je dis de *tout près* à dessein. En effet, pendant mon séjour à Lourdes, j'ai vu, différentes fois, des malades se lever, guéris, sur le passage du Saint-Sacrement. Mais j'ai tenu à ne rapporter en détail que ce cas ci qui eut lieu directement sous mes yeux, tandis que dans les autres cas, je me trouvais à une certaine distance des miraculés.

Au dernier moment, on apporta, dans une sorte de long panier d'osier, une religieuse d'une cinquantaine d'années environ. Atteinte du mal de Pott, elle avait, paraît-il, le dos à vif et couvert de plaies purulentes. Depuis deux ans elle était enclose dans ce panier et ne pouvait faire aucun mouvement des membres inférieurs. Une autre religieuse, dont je vois encore la toute petite taille et la mine effarée parmi la foule énorme, l'accompagnait.

Nous fîmes faire place à la malade. On l'installa près de la rampe et nous nous ingéniâmes à lui procurer un peu d'ombre, car un soleil ardent versait du feu sur l'esplanade. Elle était à trois pas de moi, sur ma droite. Je lui demandai comment elle se trouvait ; mais elle souffrait si fort qu'elle ne put me répondre que par quelques signes de tête.

Le Saint-Sacrement passe, s'arrête devant elle, comme devant les autres moribonds, la bénit, puis le cortège traverse l'esplanade en longeant les marches qui montent au péristyle du Rosaire. Je regardai la religieuse ; elle était si pâle, que je la croyais sur le point de défaillir et je me tenais prêt à lui faire respirer le flacon de sels que je portais toujours sur moi, à l'usage des malades.

Tout à coup, je vois sa figure se colorer ; elle joint les mains, les lève vers le ciel, puis se dresse, enjambe son panier et s'agenouille dans la poussière, à côté de moi. Je fus tellement surpris, que je m'écriai machinalement : Hé, ma sœur, vous allez vous faire mal !...

— Mais, Monsieur, me répondit-elle, je suis guérie.

Je ne saurais peindre son regard radieux et ce mélange de joie, de stupeur et d'adoration qui lui transfigurait la face. J'ai souvent observé une expression de physionomie analogue chez des miraculés récents, mais jamais elle ne m'apparut aussi intense que ce jour-là. C'était comme si une lumière intérieure, transsudant par tous les pores, se répandait sur le visage de la religieuse.

On sait que dans ces occasions, la foule, d'ordinaire si disciplinée et si recueillie, perd absolument la tête.

Des flots de pèlerins se précipitent vers nous ; des cris d'allégresse s'élèvent parmi des actions de grâces vociférées ; on se presse, on s'entasse, on se bouscule pour voir, pour toucher la miraculée. Un peu plus, on l'écraserait.

De tous côtés, des brancardiers accourent. Nous formons une triple barrière autour de la religieuse. La cérémonie terminée et le Saint-Sacrement rentré dans l'église du Rosaire, nous lui ouvrons, à grand peine, un passage jusqu'au bureau des constatations : deux lignes de brancardiers font la chaîne, avec leurs bretelles tendues, en guise de cordes, pour contenir la foule qui ne cesse de s'accumuler et menace, à chaque instant, de renverser le barrage qu'on lui oppose. Autour de la miraculée, nous ressemblons à de petits bateaux sur une mer houleuse. Enfin, à force d'objurgations, voire de bourrades, nous atteignons la porte du bureau.

Le docteur Boissarie interroge la malade qui ne peut répondre qu'une chose : — Je suis guérie, je marche, je ne souffre plus...

Les certificats probants qu'elle avait apportés sont lus à voix haute. Le docteur conclut : — Je crois qu'il y a là un cas qui mérite d'être retenu. Vous reviendrez demain matin, ma sœur, et je vous examinerai plus à loisir. Et

maintenant, si vous le pouvez, retournez à pied
à l'hôpital.

— Oui, oui, je peux, dit-elle.

Nous refaisons le carré autour d'elle et nous
l'emmenons. La petite religieuse, sa compagne,
tout ahurie, tout heureuse, ne cessait de répéter : Ah ! mon Dieu, ah ! Sainte Vierge, comme
la communauté va être contente et notre Mère,
donc...

Jusqu'aux Sept-Douleurs, ce fut une marche
triomphale. Des gens couraient en avant pour
annoncer la bonne nouvelle ; des gens s'abor-
daient sans se connaître et se serraient les mains
comme s'il leur était arrivé à eux-mêmes un
grand bonheur ; des gens se signaient coup sur
coup et poussaient des vivats formidables ;
d'autres pleuraient de joie ; d'autres enton-
naient *Magnificat*.

Pour moi, je regardais marcher la miraculée et j'avais peine à me persuader, tant elle
avançait avec aisance, que c'était cette même
impotente que j'avais vue, quelques minutes
auparavant, sur le point d'expirer...

Je pourrais raconter encore quelques faits de
ce genre. Mais je préfère donner la relation
d'un miracle qui eut lieu pendant la messe de

six heures, dite à la Grotte, le 16 juillet 1908, pour commémorer la dernière apparition de la Sainte Vierge à Bernadette. La miraculée s'appelle Léonie Levêque. Elle est institutrice à Nogent-le-Rotrou, dans un pensionnat tenu par Mlle Renou.

Mlle Levêque a écrit elle-même le récit de sa guérison. Il a été publié dans le *Journal de la Grotte* (N° du 8 novembre 1908). Je ne saurais mieux faire que de le reproduire.

« C'est au mois d'avril que, pour la première fois, j'eus le désir d'aller à Lourdes ; j'en rêvais la nuit.

» Un prêtre me dit : « Pour que votre pèlerinage soit vraiment méritoire, il faut en quêter l'argent. »

» J'avoue franchement que cette idée ne me souriait pas. Quêter, c'est-à-dire s'humilier, était trop contre ma nature pour que j'accepte de prime abord le conseil qui m'était donné.

» Vers le mois de mai, je manifestai très timidement mon désir à ma Directrice ; elle n'eut pas l'air de me comprendre, et je me tins pour battue.

» Le 16 juin, j'étais à la clinique Bonnière, au Mans, pour la dernière opération. La Sœur me parla de Lourdes, me conseillant d'y aller avec quatre compagnes de souffrance qui se joindraient au pèlerinage de Rennes. Je n'avais pas besoin d'être encouragée, mon désir était toujours très vif, mais voilà... il fallait quêter l'argent : c'était la condition qui m'était imposée, et encore le quêter non à des parents, non à des amis, mais à des étrangers.

» Je rentrai à Nogent, soucieuse... un peu ébranlée. Si, pour me guérir, la Sainte Vierge attendait cet acte d'humiliation !...

» Après plusieurs jours, j'en parle de nouveau à ma Directrice et, cette fois, elle-même me conseille de tenter courageusement la chose. Nous verrons bien, me dit-elle, le désir de la Sainte Vierge. Alors, sans délai et sans faiblesse, je commence ma quête de vive voix ou par écrit : elle devient fructueuse, déjà j'ai le prix de mon billet. En ma qualité de bretonne, je m'adresse à Rennes ; ma demande est refusée, il n'y a plus une seule place disponible. J'écris à Séez, nouveau refus. A Laval, je suis enfin acceptée, mais comme voyageuse ordinaire et non comme malade, ceux-ci allant au Pèlerinage national. C'était inquiétant ! Comment pourrai-je rester assise pendant 24 heures dans un compartiment de huit personnes ?...

» Les progrès du mal devenaient plus rapides, les abcès se succédaient sans interruption et les affreuses douleurs étaient à peine calmées par trois piqûres de morphine faites à la suite. Le 6 juillet, une dépêche fut envoyée à Laval pour prier de changer les billets de 3e classe en 2e.

» Mais je devenais plus malade ; et le 11 juillet, après une crise épouvantable, le docteur Moulin dit : « Je m'oppose absolument à ce que Mlle Levêque parte avec un pèlerinage. De plus, si elle tient à aller à Lourdes, il faut se hâter de l'emmener : *dans quelques jours il sera trop tard.* » Sur mon lit de souffrances, j'entendais vaguement ces paroles et je me disais : « Comment irai-je à Lourdes ? Je n'ai pas la somme nécessaire pour faire le voyage sans pèlerinage. »

» Le lundi, 13 juillet, je recevais d'une manière bien providentielle 40 francs. L'après-midi de ce jour, Mlle Renou vint m'annoncer que je serais accompagnée par la sous-directrice de la Pension et que je partirais le 15, à 6 heures. « Mademoiselle, dis-je, pourquoi pas demain, je serais à Lourdes pour le 16, jour du Mont-Carmel. » — « Qu'il soit fait selon votre désir, je ne veux rien vous refuser. » Le soir même, Mlle Renou écrivait à maman la lettre suivante :

« Madame,

» Je voudrais vous donner de meilleures nouvelles de notre chère Léonie : je ne le puis. Malgré ses grandes souffrances, elle reste courageuse et désire toujours aller à Lourdes. A cause de l'approche des prix, j'avais l'intention de la faire accompagner par notre infirmière : mais craignant un dénoûment fatal, j'ai cru devoir lui donner pour l'aider, la consoler dans ces pénibles moments, le cœur si maternellement dévoué de Mlle Oubert. Cette pensée est déjà une joie pour elle.

» Notre-Dame de Lourdes peut la guérir, elle a tant de confiance. Nous aussi partageons cette confiance, et pourtant nous n'osons pas espérer. C'est donc demain mardi que nos voyageuses partiront ; nous ne sommes pas sans inquiétudes sur ce voyage, la pauvre enfant est si faible et elle a tant souffert ces derniers temps.

» Veuillez, Madame,... etc.

» M. RENOU. »

» Le matin du 14 juillet arriva enfin. J'étais très émue, très impressionnée en disant au revoir à mes compagnes. N'était-ce pas un adieu définitif ?... Je me sentais bien malade ; j'avais vu les certificats des médecins, je connaissais donc mon état, et puis je voyais bien des larmes couler. J'appris par notre chapelain que le 16, il y aurait une grande fête à Lourdes en l'honneur de la dernière Apparition de la Sainte Vierge. Cela me donna confiance, je regrettais tant de ne pas partir avec un pèlerinage.

» A 10 h. 1/4, je prenais le train pour Le Mans, Tours, Bordeaux. Le voyage fut affreux et on peut se le figurer, chaque secousse du train donnant une vibration dans la tête si douloureuse.

» A Tours, il y eut un arrêt de 2 h. 1/2 qui me permit de me reposer un peu. C'était le 14 juillet ; la ville était pavoisée et bien jolie, mais je n'avais pas le courage de rien regarder.

» A 5 heures, départ pour Bordeaux. Les souffrances sont plus violentes, il faut faire une piqûre de morphine ; je n'ai pas de position possible.

» A 10 h. 30, arrivée à Bordeaux. Impossible d'aller

photographie prise deux mois après sa guérison.

16

plus loin, je souffre trop, mon cœur bat avec violence, je suffoque. Avec peine, nous sortons de la gare et entrons dans le premier hôtel venu. Il faut monter trois étages. Je m'arrête à chaque marche, haletante ; Mlle Oubert me porte presque en me suppliant d'avoir un peu de courage. La bonne, effrayée, va prévenir sa maîtresse qui vient aux renseignements. « N'ayez pas peur, dit Mlle Oubert, c'est un accident. » Il fallait bien coucher quelque part.

» Nuit affreuse. Pourtant, avec le jour revint l'espérance. J'étais près de la ville bénie... Je serais guérie ou améliorée, et déjà je bâtissais des châteaux en Espagne pour le retour. Le voyage fut un peu moins pénible. A midi 1/4, nous arrivions à Lourdes.

» Nous descendions chez le sacristain de la Basilique, M. Salis. L'après-midi, je voulus aller aux piscines, à la procession du Saint-Sacrement.

» Le 16, j'eus le grand bonheur de pouvoir faire la sainte communion à la Grotte, puis j'allai aux piscines et au *Bureau des Constatations* faire constater ma maladie. Je portais le certificat suivant :

« Je, soussigné, certifie que Mlle Levêque, professeur
» à l'Institution de Mlle Renou, Nogent-le-Rotrou, a été
» atteinte de *sinusite frontale double*. Malgré plusieurs
» interventions chirurgicales, la guérison ne s'est pas
» produite. Il persiste de la suppuration chronique et
» de l'ostéite de l'os frontal. Aucune intervention ne
» me semble possible à tenter actuellement, en raison

» de l'état local et de la santé générale très affai-
» blie.

« Le Mans, 9 juillet 1908.

« Dr CHEVALLIER. »

» Le certificat du Dr Moulin était analogue ; il insis-
tait, de plus, sur le mauvais état du cœur.

. . . .

» Les douleurs devenaient de plus en plus violentes.
Un nouvel abcès se formait. A 1 h. 1/2, je fus mise en
voiturette et conduite auprès du Rosaire pour la procession du Saint-Sacrement. C'était le grand jour, le
moment solennel, et les souffrances étaient si violentes
que je ne pouvais pas prier. Un moment, je soulevai
mon bandeau, le pus coulait en abondance en donnant
une odeur nauséabonde. Ma compagne me dit: « Il
semble que le drain glisse, mais baissez vite votre
bandeau, vous pourriez gêner vos voisins ».

» Le Saint-Sacrement passe et s'arrête devant ma
voiture. De brûlantes larmes coulaient sur mes joues.
Je pouvais seulement articuler : « Mon Dieu, mon
Dieu ! ».

» Il passa et, hélas ! je n'étais pas guérie. Bien plus,
je souffrais tant, tant, que je me demandais avec angoisse si la mort n'allait pas venir. Il n'était pas possible de souffrir davantage. Je n'avais plus espoir de
guérir. Je demandais seulement la résignation pour
moi et la consolation pour ma famille.

» A l'hôpital des Sept-Douleurs on nous dit que les

malades n'assisteraient pas à la Messe vespérale. Nous rentrâmes rue Garnavie, et Mlle Oubert voulut me panser Les linges étaient traversés, le pus coulait, non seulement par le drain, mais par dessus et dessous. Insistant pour que ma compagne aille à la messe, je m'installai dans un petit jardin-terrasse.

. . . .

» Une horloge était devant moi. Fièvreusement, je regardais les aiguilles marcher. Je souffrais de plus en plus, les douleurs étaient lancinantes, je ne savais plus comment me mettre. Finalement, j'avais la tête dans mes mains appuyées sur mes genoux.

. . . .

» A 6 heures, je sentis un calme indéfinissable m'envahir tout entière. Je sentais que quelque chose de grand, de divin s'accomplissait, les larmes coulaient abondantes et pressées sur mes joues. J'aurais voulu courir à la Grotte. Toute souffrance cessa instantanément, ma vue double redevint normale ; pourtant, je ne me dis pas : « Je suis guérie ». J'avais peur, je jouissais du moment présent et un cantique d'action de grâces montait de mon cœur à mes lèvres.

» Combien de temps suis-je restée ainsi ! Je ne sais trop ; mais, quand je pense à ces moments délicieux, un frisson me secoue encore et des pleurs involontaires me viennent aux yeux. Peu à peu, je me décidai à toucher mon front : il n'était plus douloureux, même à une forte percussion ; je n'osais pas soulever mon bandeau. A 7 h. 1/4, les premières personnes arrivèrent de la Messe. Il y avait chez Mme Salis un escalier d'une quinzaine de marches ; je le descendis d'un seul trait pour aller au-devant de Mlle Oubert. « Je veux aller à la Grotte, dis-je, je ne souffre plus ; il me semble que je suis guérie. »

» Impossible d'aller à la Grotte, la procession aux flambeaux commençait. La ville était pavoisée, illuminée et bien belle, paraît-il, mais je ne regardais rien, je ne voyais rien ; j'étais toute à mes pensées, toute à mon bonheur. Nous rentrâmes nous coucher et je refusai encore d'enlever mon bandeau pour faire le pansement... j'avais toujours peur.

» Vers le milieu de la nuit, me dressant sur mon lit, je dis : « Mais je suis vraiment guérie, je ne souffre plus, je peux prendre telle position qui me plaît. »

» Mlle Oubert se lève et alors j'enlève mon bandeau. Le drain était ressorti et le côté droit du front entièrement cicatrisé. Je mets de l'eau de Lourdes, je refais le pansement, et la nuit se passe très calme, mais je ne dors pas, j'étais trop heureuse. Le lendemain matin, le côté gauche du front suintait un peu de sang noirâtre, mais il n'y avait plus de pus. Le drain entrait toujours mais ne ressortait pas. Aucune douleur n'existait plus. Je pris un bon bol de chocolat, j'allai à la messe à pied ; je pouvais marcher sans fatigue, sans gêne au cœur. A midi, très bon repas : je mange de tout avec grand appétit, à la vive stupéfaction de ma compagne. Depuis plus de 15 jours, en effet, je ne prenais plus qu'un peu d'eau. L'après-midi, je visite la Basilique, le Rosaire, j'assiste à la procession du Saint-Sacrement. Vers 5 h. 1/2, une fois rentrée à la maison, je veux me panser. Le drain tombe dans la cuvette. Effrayée, je le saisis pour le remettre... Impossible, le front est complètement cicatrisé. A partir de ce moment, le pus ne coule plus ni par le nez, ni par la gorge.

» Le dimanche matin seulement, je suis allée au *Bureau des Constatations* et les docteurs présents, après un examen sérieux, déclarent la guérison certaine et complète.

De retour à Nogent-le-Rotrou, M\ :sup:lle Levêque reçut, du docteur Moullin, qui la soignait depuis dix-huit mois, un certificat détaillé, dont voici la conclusion :

» J'ai revu la malade à son retour de Lourdes. La cicatrisation de la plaie est complète : il ne reste plus que les traces d'un bourgeon charnu qui, du reste, n'a pas tardé à disparaître. La malade ne sent plus aucune douleur, ni spontanée, ni même à la percussion la plus forte ; les troubles de la vision ont disparu ainsi que les vertiges ; l'appétit est excellent, la malade mange de tout ; le sommeil est également très bon ; le cœur est redevenu normal. Enfin, la malade, dès son retour, a pu se livrer à tous les travaux de sa profession sans en ressentir la moindre fatigue. Le 22 juillet, elle pesait 39 kilos 700. Le 14 août, elle pèse 44 kilos 400.

» Nogent-le-Rotrou, 18 août 1908.

» D\ :sup:r MOULLIN. »

Retenu par mes occupations, je n'ai pu rencontrer Mlle Levêque. Mais le docteur Boissarie me confirma les faits qui viennent d'être rapportés. D'autre part, elle fut présentée, par ce même docteur, dans une conférence donnée à Paris, en décembre 1908, sur les miracles de Lourdes pendant la période des fêtes du cinquantenaire. Plusieurs personnes qui y assistaient virent la miraculée et me dirent qu'elle était en parfaite santé. Une cicatrice au front témoignait, seule, de la grâce dont elle fut l'objet.

VI

SUR LE MIRACLE

> *Dextera Domini fecit virtutem ;*
> *dextera Domini exaltavit me ;*
> *non moriar, sed vivam et nar-*
> *rabo opera Domini.*
>
> (Offertoire du 3ᵉ dimanche après
> l'Epiphanie.)

Les miracles auxquels j'assistai et mes entretiens avec plusieurs miraculés m'ont fourni
quelques réflexions que je veux exposer ci-
dessous.

Le temps n'est plus où, chaque fois que l'on
publiait les merveilles de Lourdes, les incrédules s'empressaient de crier : — Ce sont de
grossières comédies, préparées longtemps
d'avance et jouées pour des fanatiques par

d'adroits simulateurs avec la complicité du clergé.

Trop de simples curieux ont pu se rendre compte que la fraude était impossible, trop de témoignages se sont produits qui émanaient d'incroyants vaincus par l'évidence des faits et surtout de médecins libres-penseurs qui, ayant soigné les malades, durent avouer que leur guérison avait eu lieu contre toutes les règles de la science.

Sauf quelques malheureux possédés qui, quand il s'agit de l'Eglise, nieraient la lumière en plein midi, nul ne refuse donc plus d'admettre que des guérisons s'opèrent dans des conditions d'apparence anormale.

Mais comme le seul mot de miracle, impliquant l'action divine, révolte ces matérialistes, leur orgueil chercha force échappatoires pour ne pas se laisser fléchir.

Les uns ont dit : — C'est l'eau froide de la piscine.

Explication des plus débiles. Car s'il suffisait d'asperger d'eau glacée un tuberculeux au dernier période ou un malade atteint de carie des os pour le guérir instantanément, pourquoi la médecine n'emploie-t-elle pas cette thérapeutique rudimentaire ? S'il s'agit d'un effet purement physique, ce qui réussit à Lourdes devrait réussir partout. Or, on n'a jamais entendu dire qu'un résultat de cette sorte ait été obtenu en quelque clinique que ce soit. Le diable sait, pourtant, si, le cas échéant, on se serait empressé de munir la Renommée de cent trompettes toutes neuves, afin qu'elle proclamât, dans l'univers entier, la confusion de « l'obscurantisme ».

En outre, il existe deux ordres de faits qui renversent absolument cette explication.

D'abord, des malades guérissent, sans être venus à Lourdes, par simple lotion d'eau importée de la source. On admettra que ce liquide, contenu dans des bouteilles, doit être devenu plutôt tiède. Néanmoins, quelques gouttes suffisent pour que le miracle se manifeste. C'est le cas, entre mille autres, de Stéphanie Proteau, la jeune pèlerine à pied dont j'ai parlé dans un chapitre précédent.

Enfin, de nombreux malades guérissent qui n'usèrent, en aucune façon, de l'eau miraculeuse. Ceux-là n'ont fait que prier. Et le miracle se produisit, soit lorsqu'ils étaient de retour chez eux, après leur pèlerinage, soit à la Basi-

lique, soit à la bénédiction du Saint-Sacrement, soit à la Grotte (1). Ce dernier cas fut
celui de Noémie Nightingale dont on a pu lire
le récit plus haut.

Donc biffons l'hypothèse de la guérison par
l'eau glacée de la piscine, celle-ci étant, au surplus, tout à fait pareille à l'eau de n'importe
quelle source.

D'autres incroyants se cramponnent à l'auto-
suggestion.

— On leur répondra d'abord par ce fait que
les expériences de Charcot aussi bien que celles
de l'école de Nancy n'ont donné aucun résultat
probant dans ce sens. On a suggéré à des hysté-
riques de prendre des carottes pour des ananas ;
on n'a jamais réussi à suggérer à des moribonds,
atteints de cancer ou de lupus, mais indemnes
de toute maladie nerveuse, de guérir subitement
et complètement par un effort de leur propre
volonté.

On ne cite point non plus de cas d'un malade
incroyant qui, en dehors de toute suggestion

(1) On trouvera des exemples multiples de ces différents modes de guérison dans la collection du *Journal de
la Grotte*, dans les livres irréfutables du docteur Boissarie
et dans le volume très documenté de l'abbé Bertrin.

étrangère, ait guéri soudain pour avoir dit : — Je ne crois à rien mais je veux guérir.

Mais que devient l'hypothèse de l'auto-suggestion, quand on considère des cas, — ils sont nombreux — comme celui de Gargam ?

Celui-là, débris d'humanité, en proie à la gangrène, ne demandait qu'à mourir le plus tôt possible. Il s'était laissé mener à Lourdes « pour faire plaisir à sa mère ». Jusqu'à la dernière seconde, avant la guérison, il ne croyait pas. Comment aurait-il trouvé l'énergie nécessaire pour se confiner dans l'idée fixe qu'il pouvait être l'objet d'un miracle auquel il n'avait point foi ?

L'auto-suggestion exigerait que le malade ne se laissât distraire par rien de son désir de guérison. Or, très souvent, je l'ai dit et je le répète, les malades s'oublient eux-mêmes pour demander la guérison ou le soulagement d'autrui. C'est encore le cas de Noémie Nightingale qui, je le rappelle, s'était résignée à sa surdité et priait, à la Grotte, pour les âmes du Purgatoire lorsque la Sainte Vierge lui rendit le sens de l'ouïe.

Mais même chez ceux qui, ayant la foi, se concentrent dans leur désir de guérison, l'auto-suggestion suffit-elle à expliquer le miracle?

Non, car beaucoup ne guérissent pas, malgré les plus ardentes prières. Et parmi ceux qui guérissent, la plupart, brisés par le voyage, torturés par la souffrance, se trouvent dans un état de faiblesse où la volonté ne peut guère s'exercer. Ils espèrent mais ils ne sauraient produire un effort de vouloir tel qu'il réparerait les tissus en décomposition, fermerait les plaies et reconstituerait les os effrités — et cela, en un clin d'œil.

Et les enfants? Les nourrissons de quelques mois qui ne savent ce qu'on leur veut, qui crient et se débattent, lorsqu'on les déshabille pour les plonger dans la piscine, est-ce par auto-suggestion qu'ils guérissent?

On ne pourrait admettre l'auto-suggestion que dans certains cas de maladies nerveuses. Or, précisément, ces cas ne sont retenus, en tant que miracles, ni par le bureau des constatations ni par les minutieuses enquêtes canoniques auxquelles l'Eglise procède quand un malade lui est présenté comme guéri à Lourdes.

Battus encore sur ce point, les matérialistes changent de terrain. — Le miracle se produit, disent-ils, sous l'influence d'un fluide qui se dégage de la foule exaltée dont les prières pleuvent sur les malades. C'est un effet, en quelque sorte, magnétique.

Cette niaiserie a été adoptée par Zola, homme fécond en calembredaines. On se rappelle le fameux « souffle guérisseur des foules » dont il fit son « tarte à la crème » dans le roman, plein de mauvaise foi, qu'il écrivit sur Lourdes.

Que beaucoup de malades soient réconfortés, incités à la prière par l'atmosphère d'oraisons qui règne autour d'eux à la Grotte, à la Bénédiction du Saint-Sacrement, à la piscine, c'est incontestable. Mais que les appels de la foule à la miséricorde divine se concrètent en une panacée fluidique qui guérit, soudain, des ulcères invétérés et des caries osseuses — l'explication fait sourire.

D'ailleurs, on ne pourrait prendre au sérieux cette hypothèse que s'il était constaté que les miracles se produisent exclusivement aux endroits et aux époques où la foule s'assemble.

Or, il n'en va pas ainsi. Des malades guérissent, chez eux, après une application d'eau de Lourdes. Des malades guérissent également qui vinrent à Lourdes en hiver, lorsque l'esplanade et la Grotte sont à peu près désertes. Enfin, même au moment des grands pèlerinages, des malades guérissent, non pas au milieu de la foule mais tandis qu'ils s'isolaient dans leur chambre d'hôtel. Ce fut, on s'en souvient, le cas de Mlle Léonie Levêque (1).

Réfutés par les faits, quant à l'action de l'eau froide, quant à l'auto-suggestion, quant à l'influence magnétique de la multitude, les matérialistes se dérobent par la phrase suivante : — Ce qui opère, dans les miracles de Lourdes, ce sont des forces naturelles encore inconnues mais que la science expliquera un jour ou l'autre.

J'ai bien peur qu'ils ne s'illusionnent, car, jusqu'à présent, dès qu'il s'est agi des causes, la science n'a fait que de remplacer une théorie par une autre et de classer, sous de nouvelles nomenclatures, des phénomènes immuables depuis les origines. Il n'y a pas apparence qu'elle sortira jamais de ce cercle plus ou moins vicieux.

Venons maintenant à l'objection qu'on fait le plus souvent aux miracles de Lourdes. Celle-

______

(1) Ce fut aussi le cas de Mme Rouchel, guérie, en septembre 1903, d'un lupus effroyable du visage. Elle fuyait la foule tant elle craignait d'inspirer le dégoût par l'aspect hideux de son mal. Quand le miracle se produisit, elle se trouvait derrière le grand autel de l'église du Rosaire, à **ce** moment déserte.

ci, je l'ai notée non seulement chez des incrédules mais chez pas mal de catholiques. De la part de ces derniers, j'avoue qu'elle m'étonna fort.

La voici : — Pourquoi tout le monde n'est-il pas guéri ? Pourquoi ce malade plutôt que cet autre ? Pourquoi celui ci dont la foi était nulle, tiède ou intermittente, et non celui-là dont la piété solide ne subit jamais de variations. Cela semble une injustice et un désordre.

Or, il n'y a dans le miracle ni désordre ni injustice. Il y a sage dispensation de la justice divine et rectification, selon l'ordre surnaturel, du désordre produit dans toute la création par le péché d'Adam.

Car, il ne faut pas l'oublier, la nature n'est pas ce qu'elle serait si nos premiers parents n'avaient enfreint la défense que Dieu leur fit de goûter au fruit de l'Arbre de Science. En désobéissant, ils ont introduit le mal et la douleur dans le monde. Toutes les choses et tous les êtres se sont corrompus à l'image de l'homme, promoteur et première victime de la faute. De là cette confusion qui règne dans l'univers et cette hostilité de la nature à l'égard de l'homme dont nous subissons sans cesse les effets.

D'autre part, comme l'a très bien dit Dom Guéranger : « L'arrêt que le Seigneur prononçait contre nos premiers parents devait envelopper toute leur postérité ; mais, quelque sévères que fussent les peines portées contre nous tous, la plus dure et la plus humiliante conséquence de la première faute était la transmission du péché d'origine qui infectera toutes les générations de la race humaine, jusqu'à son dernier jour. Sans doute, les mérites du Rédempteur pourront être appliqués à chaque homme, selon le mode établi par Dieu. Mais cette régénération spirituelle, tout en enlevant sans retour la lèpre qui nous couvrait, et en rétablissant l'homme dans les droits d'enfant de Dieu, ne fera pas disparaître toutes les cicatrices de notre mortelle blessure. Sauvés de la mort et rendus à la vie, nous sommes demeurés malades. L'ignorance obscurcit notre esprit sur les grands intérêts qui devraient occuper toutes nos pensées et un attrait déplorable nous fait aimer nos illusions. »

Ainsi se perpétue la survivance du péché originel. C'est lui qui, passant de génération en génération, engendre les autres péchés et d'abord l'orgueil, qu'on trouve à la racine de toutes nos fautes. Chaque fois que l'homme viole les commandements de Dieu, c'est comme s'il cueillait de nouveau le fruit défendu — plus encore c'est comme s'il répétait le cri de révolte de Lucifer précipité dans l'abîme : « Je ne me soumettrai pas. »

Malheureux, tu ne veux pas te soumettre au Seigneur, eh bien, tu seras soumis à tes passions et aux maladies de l'âme et du corps qui en résultent. *Tout se paie.* Si tu ne paies pas ta dette dans ce monde, non seulement, tu la paieras dans l'autre, mais tes proches et tes descendants subiront les conséquences de ton péché. Tu t'es targué de ton intelligence pour t'insurger, par paroles ou par écrits, contre la loi divine ? — Tu auras pour fils un idiot ou un fou. Tu t'es complu dans la débauche ou dans l'ivrognerie ? Ta postérité sera difforme, scrofuleuse, paralytique ou cardiaque. Tu as laissé le Mauvais prendre ses aises en toi ? Les tiens seront tourmentés par le Mauvais.

Les doctrines de l'individualisme ont, de nos jours, tellement faussé d'esprits — même chez certains fidèles — que trop de gens perdent de vue cette solidarité formidable qui relie les générations les unes aux autres. C'est pourtant par là que la Justice divine ne cesse de nous donner des preuves *frappantes* de sa constance. Les savants, même les plus impies, ont dû en enregistrer les actes lorsque, sous le nom d'atavisme et d'hérédité, ils ont dénombré les anneaux de cette chaîne qui rive les uns aux autres les membres de chaque famille.

On peut donc supposer que quand un miracle se produit, le malade, ou ses proches, ou ses ascendants, par leurs mérites et par le bon usage qu'ils firent de la Grâce offerte à tous, ont payé la dette de leur famille. S'il ne guérit pas, malgré ses vertus personnelles et la plénitude de sa foi, c'est que la Sagesse divine juge que la dette des siens n'est pas encore payée. Parfois, la guérison qui ne fut pas obtenue au cours d'un premier pèlerinage, résulte d'un second ou d'un troisième — et c'est qu'alors la dette est payée. D'ailleurs, il n'y a pas d'exemple qu'un malade soit parti de Lourdes sans en remporter une grâce quelconque : amélioration physique, résignation à ses maux, volonté de les offrir pour le rachat d'autrui, conversion d'un proche parent, d'un ami ou d'un ennemi.

On saisit maintenant que l'injustice et le désordre consisteraient à guérir tout le monde. Ce n'est point par caprice que Dieu nous octroie parfois des miracles ; c'est pour nous démontrer qu'en nous conformant aux règles qu'Il nous imposa, qu'en nous efforçant de vivre sans pécher, nous et les nôtres, nous pouvons tout attendre de son équitable bonté.

Voici enfin deux ordres de faits qui prouvent à quel point la Justice divine tient compte des conditions dans lesquelles se trouvaient les malades avant la guérison ou au moment du miracle.

Pour le second exemple, je mentionnerai de nouveau le cas de Noémie Nightingale, guérie tandis qu'elle priait pour les âmes du Purgatoire. Acceptant pour elle-même l'infirmité, elle fit un effort d'abnégation tel qu'elle en reçut la récompense immédiate. Parce qu'elle s'oublia, Dieu ne l'oublia point.

D'autre part, il suffit de consulter la statistique des miracles depuis cinquante ans pour s'apercevoir que les pauvres et les humbles guérissent beaucoup plus souvent que les détenteurs de hautes situations sociales et les privilégiés de la fortune.

Il est juste qu'il en soit ainsi : les heureux de

ce monde peuvent se procurer bien des soula-
gements qui restent inaccessibles aux pauvres.
Moins éprouvés, ils sont plus à même de supporter leurs maux ; et, du reste, leur oisiveté, le
luxe qui les entoure, l'habitude du superflu,
l'orgueil qui leur vient de leur culture d'esprit
font qu'ils ont plus à racheter que les déshérités
soumis à l'ignorance, aux privations et aux la-
beurs pénibles. Puis il est probable que beaucoup de malades riches pâtissent pour compenser
les fautes d'un de leurs ascendants. La chose
s'explique fort bien si l'on admet que, comme
l'a dit un orateur sacré — Massillon, je crois — :
« A l'origine de toutes les grandes fortunes, on
trouve un crime. »

Enfin, il ne faut pas oublier qu'à Lourdes,
la grande Intermédiaire entre Dieu et nous,
c'est la Sainte Vierge. Conçue sans péché, elle
nous invite à nous rapprocher, autant que nous
le pouvons, de l'état de perfection dont Elle
réalise le type.

Soit que le malade ait à racheter ses propres
fautes, soit qu'il paie pour ses proches — défunts ou vivants — le miracle n'est que l'enté-
rinement des lettres de grâce qui lui sont ac-
cordées à la requête de la Sainte Vierge. Elle

sanctionne par là son titre de Mère de la Miséricorde.

Elle est le Miroir de la Justice lorsque nous ne sommes pas jugés dignes du miracle. Elle n'en reste pas moins la Consolatrice des Affligés puisque, même alors, elle nous obtient toujours une amélioration partielle, la résignation à nos souffrances ou la foi pour autrui.

Dans l'un et l'autre cas, nous lui témoignerons notre reconnaissance car, en guérissant, grâce à son intervention, nous prenons, vis-à-vis d'Elle l'engagement de nous garder désormais du péché mortel. Ne guérissant pas, nous devons lui savoir le plus grand gré des consolations qu'Elle nous prodigue et considérer que nos souffrances méritées, c'est autant de pris sur notre Purgatoire ou autant d'enlevé aux peines qu'y supportent nos ascendants.

En résumé : à Lourdes, on peut dire que les miracles sont en proportion directe du rachat des péchés obtenu par les malades ou par ceux qui les entourent ; c'est pourquoi, à une époque de piété somnolente comme la nôtre, il s'en produit relativement peu — assez, toutefois, pour que se manifeste, avec vigueur, la Justice divine.

VII

Un des plus émouvants spectacles de Lourdes, c'est celui de la procession aux lumières. Ces milliers de pèlerins qui partent de la Grotte en chantant et en portant des cierges, ces lignes de feu qui gravissent les rampes de la Basilique, qui serpentent dans les avenues et sur l'esplanade pour se réunir enfin, en une masse scintillante, au péristyle du Rosaire vous procurent une des impressions les plus grandioses qu'on puisse recevoir.

Je me mêlai à l'une de ces processions, un soir où le diocèse de Périgueux y prit part. J'y accompagnais mon camarade de la piscine, l'abbé Cuginot, et mon ami de Lunas, l'abbé Duclaud.

Cliché Cazenave, Lourdes.

LA SACRISTIE DE LA GROTTE.

Le charme était grand d'aller, ainsi, atome perdu dans cette file d'hommes et de femmes qui n'avaient qu'une préoccupation : proférer vers le ciel, comme un symbole de leur foi, la flamme de leur cierge et célébrer éperduement les louanges de l'Immaculée. On éprouve une joie aiguë à se sentir emporté par les flots de cette multitude croyante ; on se sent partie constituante d'un être collectif dont les mille bouches attestent l'unité de l'Eglise.

Mais cette sensation fut encore plus pénétrante lorsque nous nous groupâmes devant le Rosaire. Un pèlerinage espagnol, venu de Santander, nous y avait précédé. On s'entassa, on se serra. Les cierges formaient comme un champ d'épis ardents où couraient des houles lumineuses. Un halo d'or nous enveloppait. Alors, sur un signal, quatre mille voix commencèrent de chanter le *Credo* à l'unisson. Cela s'élargissait à l'infini, cela s'élevait majestueusement jusqu'aux étoiles ; et c'était comme un tonnerre harmonieux dans une fournaise.

Tout en chantant avec les autres, je regardais çà et là. Mes yeux s'arrêtèrent sur trois Anglais, un homme et deux femmes en costume d'auto, qui se tenaient silencieux à quelques pas de moi. Venus là par curiosité, ils s'étaient trouvés emprisonnés dans les replis de la procession et ils attendaient tranquillement la fin du *Credo* pour s'en aller. L'homme et la plus âgée des femmes demeurèrent impassibles jusqu'au bout. Mais il n'en fut pas de même de la plus jeune, — elle pouvait avoir vingt-sept ans — qui, d'abord simplement intéressée, ne tarda pas à marquer une émotion extraordinaire. A cette courte distance, étant donné qu'il faisait clair comme en plein jour, je pus suivre toutes les variations de sa physionomie. Peu à peu, elle ouvrit les lèvres comme pour se joindre à notre *Credo*. Mais, évidemment, elle n'en connaissait point les paroles. Alors elle se mit à prier, à mi-voix, dans sa langue, et à mesure qu'elle priait, son visage se transfigura jusqu'à l'extase, tandis que deux grosses larmes lui coulaient sur les joues.

Le chant terminé, dans les remous que formait la foule en se dispersant, je perdis de vue la jeune femme. Mais je l'avais assez étudiée pour me rendre compte de la révolution foudroyante dont son âme venait d'être le théâtre.

— Gloire à Dieu, me dis-je, c'est peut-être là une conversion de protestante.

Ah ! c'est que « l'Esprit souffle où il veut. » A Lourdes, les exemples pullulent de ces conversions brusques qui se produisent à tout moment et en tout lieu. On était venu en sceptique, parfois en spectateur goguenard — on s'en retourne catholique, imprégné de la Grâce à jamais. Ce sont aussi des miracles ces innombrables guérisons d'âmes dont l'infirmité n'était pas moindre que celle des paralytiques et des aveugles.

Du reste, je tiens de l'abbé Burosse, l'actif et intelligent chapelain de l'Hospitalité, que de telles conversions d'Anglicans sont fréquentes. Comme il parle fort bien l'anglais, c'est à lui qu'on s'adresse. Il a ainsi souvent la joie de ramener, dans le giron de l'Eglise, maints égarés du protestantisme.

*
* *

Un souvenir de la bénédiction du Saint-Sacrement me revient. Un jour, le temps menaçait : de grosses nuées grises, chargées de pluies, restaient immobiles dans le ciel bas. L'esplanade n'en était pas moins pleine de monde : un millier de malades rangés en lignes, comme de coutume, vingt ou trente mille assistants.

La bénédiction commençait. L'évêque qui portait l'ostensoir et son cortège allaient lentement d'infirme en infirme. La foule répétait, avec ferveur, les paroles lancées par le prêtre qui faisait les invocations.

Tout à coup, les nuages crevèrent : des torrents de pluie s'abattirent sur nous. Je m'attendais à une panique — à une fuite en cohue de tous ces gens vêtus à la légère. Eh bien, sans qu'aucun mot d'ordre eût été crié, personne absolument ne bougea. Seuls, les brancardiers de service coururent relever les capotes des petites voitures où l'on traîne les malades, étendre des bâches sur ceux qui occupaient des civières. Puis ils revinrent se grouper au bas des rampes du Rosaire.

Et la bénédiction des malades continua comme si nul incident ne s'était produit. L'évêque avançait, toujours, avec la même lenteur ; le prêtre aux invocations n'arrêtait pas de prier ; tout le monde lui répondait avec le même élan. Sur le passage du Saint-Sacrement, les fidèles s'agenouillaient délibérément dans la boue et dans les flaques d'eau. Bref, tout se passa comme si le soleil n'avait pas cessé de briller dans un ciel sans nuages.

Ce soir-là j'ai senti combien la victoire de l'âme sur le corps était absolue dans le champ d'action immédiate de la Grotte miraculeuse.

A Lourdes, en effet, on mange quand cela se trouve, on dort quelquefois et l'on n'a cure des intempéries.

J'ai vu, de même, à la Grotte, des centaines de personnes demeurer en prière, pendant des heures, sous la pluie.

*
* *

Ayant noté le dévouement infatigable des baigneurs, des brancardiers, des infirmières de l'hôpital, je m'en voudrais de ne pas signaler également l'activité prodigieuse des membres du bureau de l'hospitalité.

Le vice-président, l'aimable M. de Beauchamp, fixé à Lourdes à la suite d'un deuil de famille irréparable, oublie ses propres chagrins pour se vouer tout entier au service d'autrui. De l'aube jusque fort avant dans la nuit, il a l'œil à tout. Il écrit cent lettres par jour, veille au moindre détail, fait la navette de la Grotte aux abris, du chalet des évêques à l'hôpital.

Le soir, vous croyez qu'il se repose? Point du tout : à minuit, à deux heures du matin, vous le rencontrez à la gare, attendant l'arrivée de quelque pèlerinage. Là, encore, il se prodigue, donnant ici un coup de main pour débarquer les impotents, aidant là à les charger sur les breaks de l'hôpital et sur les tramways. Ses traits tirés, ses yeux battus, disent la fatigue. N'importe, il va toujours, cordial, lucide, plein de méthode et de patience. Et combien de pauvres à qui sa charité discrète vient en aide.

Et le secrétaire, l'actif petit M. Boulet! — Comme il est, en quelque sorte, le chef d'état-major de l'hospitalité, je l'avais surnommé le *prince de Wagram.* Je l'ai toujours vu de bonne humeur, pendant même les pires surmenages. Je me rappelle le ton comiquement résigné dont il me disait une fois qu'il n'avait pas encore déjeuné à trois heures de l'après-midi : — Je ne serais pourtant pas fâché de manger un morceau... un jour ou l'autre.

Et tous sont pareils. Vraiment, il faut avoir observé de près le fonctionnement de l'hospitalité pour se rendre compte du courage, de l'endurance et de l'abnégation que l'amour de la Sainte Vierge inspire à ces hommes héroïques voués, durant des mois, à l'exercice de la plus ardente charité.

* *
*

Cette unanimité dans l'ardeur de la dévotion que je signalais plus haut, chez tous les peuples qui envoient des pèlerinages à Lourdes, n'empêche pas chacun de trancher par la façon dont se manifeste son caractère national.

J'en fis la remarque, un jour où Mgr Schœpfer, évêque de Tarbes et Lourdes, voulut bien me demander de l'accompagner à la Grotte. Un pèlerinage italien se trouvait alors là qui marquait par l'exubérance de sa foi.

Nous passions, tous deux, sous la plus haute des arcades qui soutiennent la rampe droite de la Basilique, en venant du bureau des constatations. Quelques centaines de transalpins s'y trouvaient. Ils formaient un groupe serré d'où jaillissaient les clameurs et les gesticulations. A peine eurent-ils aperçu l'évêque, qu'ils fondirent sur lui, en masse galopante, pour baiser son anneau. Des femmes se jetaient à genoux et se cramponnaient à sa soutane. Des hommes lui tiraient le bras, le bousculaient, se disputaient sa main. Comme je portais l'insigne des hospitaliers, je voulus employer l'autorité qu'il me conférait à dégager le prélat, qui subissait, du reste, l'assaut en riant de tout son cœur. Ce ne fut pas commode : j'avais beau faire appel au peu d'italien que je sais pour calmer les impatiences et pour obtenir qu'on nous livrât le passage, on ne m'écoutait guère. Les femmes, surtout, multipliaient de grands gestes tragiques et haussaient la voix jusqu'aux cris afin de me persuader qu'il fallait les laisser s'approcher. A fendre ces flots déferlants de la foule, nous mîmes exactement une demi-heure pour parcourir un trajet qui ne demande, d'habitude, que cinq minutes.

A la Grotte, l'agglomération n'était pas moins intense ni moins démonstrative. Quand nous eûmes prié, l'évêque italien qui avait amené le pèlerinage sollicita Mgr Schœpfer d'adresser une allocution à ses ouailles. Monseigneur y consentit de bonne grâce. Mais, comme cela se produit lorsqu'on s'exprime dans une langue qui ne vous est pas familière, il lui arriva, par moments, d'hésiter sur un mot. Alors, une vague d'impatience faisait onduler toutes les têtes de l'assistance ; cent bras spontanément se tendaient vers l'orateur et cent bouches lui criaient le vocable cherché. C'était attendrissant et comique à la fois.

Chez aucun pèlerinage français, même des plus... méridionaux, ni chez d'autres étrangers je n'ai constaté pareille furie dans la dévotion. Quant à cette amusante et naïve façon de venir en aide, sans nulle intention d'irrespect, bien au contraire, à un orateur dans l'embarras, cela me sembla un trait de tempérament tout italien.

Ce même pèlerinage ne s'inquiéta guère de chercher en ville le gîte et la nourriture. Comme l'église du Rosaire reste ouverte le plus souvent toute la nuit, ils s'y étaient installés. Les uns se tassaient au portail, roulés dans des couvertures de voyage et des manteaux. D'autres se couchaient sur les bancs. Lorsqu'ils se réveillaient, on en voyait se lever, aller se prosterner devant le grand autel, baiser le dallage, puis revenir s'étendre sur le bois dur ou sur la pierre. Je remarquai plusieurs ménages qui. vers quatre heures du matin, s'étageaient sur les marches du perron, autour d'une lampe à esprit-de-vin, où ils fabriquaient du café et où ils faisaient mijoter de vagues fricots.

Des personnes austères se choquent de ce sans-gêne. Je ne suis point de leur sentiment. C'est, à mon avis, une des beautés de Lourdes, qu'on y laisse chacun s'offrir, selon ses coutumes, à la Sainte Vierge. Celle-ci est une trop bonne Mère pour ne pas accepter, avec un sourire d'indulgence, que des pauvres se conduisent, vis-à-vis d'Elle, en enfants pleins de familiarité.

*
* *

Le pèlerinage de Rennes avait amené avec lui une fanfare dont les cuivres ne cessaient de résonner par les rues de la ville et sur l'esplanade.

Une après-midi, vers deux heures, ces Bretons se réunirent à la paroisse et descendirent, en colonne serrée, vers l'église du Rosaire où ils allaient entendre les Vêpres. Nous nous trouvions sur l'esplanade, mon collègue de la piscine, l'abbé Malbec et moi, quand ils y débouchèrent. Voici ce que nous vîmes.

D'abord, venait la fanfare qui jouait une marche militaire d'un rythme entraînant. Suivaient, quatre par quatre, les pèlerins et les pèlerines qui s'en allaient au pas accéléré, *une, deux, gauche, droite*, comme s'ils n'avaient fait que cela toute leur vie. Enfin s'avançait l'évêque de Rennes, entouré de son clergé. Le bon prélat, enlevé, lui-même, par cette musique martiale, marchait au pas en marquant la cadence et balançait sa crosse presque comme un fusil. Grands vicaires et chanoines l'imitaient. Sa figure rayonnait et il riait de se voir ainsi entraîné par ses diocésains à une allure qui ne rappelait guère celle des processions. On eut dit le vieux porte-drapeau d'un bataillon de volontaires au service de la Sainte Vierge.

Considérant ce défilé, la même pensée nous vint simultanément à l'esprit. L'abbé la formula par cette exclamation : — Ah! si Huysmans voyait cela...

— Quels rugissements ! ajoutai-je.

A y réfléchir, je crois que Huysmans aurait eu tort de s'indigner. A coup sûr, les clameurs éructées par les trombones et les pistons de la fanfare ne présentaient aucun rapport avec le plain-chant si cher à l'écrivain. Mais il y avait quelque chose de si spontané, de si joyeux, de si français chez ces braves gens, qui s'en allaient à la prière comme des tirailleurs courant à la bataille, que la question liturgique ne se posait pas.

Pour bien comprendre la foule, il ne faut pas toujours se placer au point de vue de l'art. Il faut se simplifier et surtout laisser agir les puissances sociables de son âme. Alors, on entre en communion avec ces primitifs dont une foi naïve constitue la beauté morale. On n'est plus un homme de lettres ; on est un homme sans épithète — un catholique mis en solidarité avec ses semblables par le fait d'une croyance commune et dont on n'éprouve plus le besoin de discuter l'expression. L'esprit critique fait silence ; le cœur parle. Rien n'est salutaire comme cette fusion du sentiment particulier dans un sentiment collectif.

Huysmans l'a rarement éprouvé. Chez lui, l'artiste demeurait toujours en éveil ; comme, par tempérament, il était porté à ressentir avec violence les ridicules et les travers de la pauvre humanité, une voix fausse, un nez bossu, une parole maladroite prenaient pour lui une importance énorme ; un détail mal venu suffisait à lui cacher la beauté d'un ensemble. Si, par exemple, confondu dans l'assistance à une bénédiction du Saint-Sacrement, il était sur le point de s'unir, sans arrière-pensée, aux élans de la foule qui demandait un miracle, il ne fallait pas grand'chose pour dévier son attention. Qu'une dévote mal attifée, offrant cette expression de physionomie aigre-douce qui caractérise maintes de celles qu'il appelait « les bondieusardes rances », fît cliqueter son chapelet en lui allongeant des coups de coude, il ne voyait plus qu'elle. Adieu le recueillement : le chrétien s'évaguait ; il ne restait plus qu'un caricaturiste heureux d'affûter son crayon.

Huysmans fut une âme solitaire, en qui l'instinct de sociabilité ne réussit jamais à se développer. Puis, je l'ai déjà dit et je le répète, il aimait tellement l'Eglise qu'il eût voulu qu'en Elle tout fût parfait.

Ce repliement perpétuel sur lui-même, ce goût de l'Idéal et ce sens hypertrophié de la laideur expliquent les qualités et les défauts de son art. Ceux-ci, à mon avis, l'emportent sur celles-là dans son livre : *Foules de Lourdes.* Ils lui firent commettre de grosses fautes de perspective. C'est pourquoi, bien qu'on y trouve des pages magnifiques, je préfère à cette œuvre mal proportionnée, *En route* ou *Sainte Lydvine* (1).

*
* *

Le soir, vers cinq heures et demie, après la bénédiction du Saint-Sacrement, il nous arrivait souvent, brancardiers et baigneurs, de nous réunir dans la cour de l'hôpital des Sept-Douleurs. Les malades couchés, nous nous installions sur des bancs et sur des chaises et nous causions.

De quoi parlions-nous ? Oh ! pas de politique ni de choses mondaines. A Lourdes, on vit tellement hors du siècle ! La conversation roulait sur les miracles récents, sur les cérémonies de la journée ou de la veille, sur l'état de santé ou d'esprit de certains moribonds. Car on s'attache aux malades et, parmi eux, on a, pour ainsi dire, ses favoris. Non pas qu'on soigne ceux-ci davantage ; mais on les suit de plus

(1) *Deo volente*, j'exposerai, quelque jour, dans une étude approfondie, mon sentiment sur Huysmans. J'espère arriver à y faire saisir comment, malgré ses défauts, on doit reconnaître en lui un admirable catholique.

près ; on s'ingénie à les remonter et à cultiver en eux l'espérance. Et, naturellement, c'est aux plus délabrés que va cette sollicitude.

Quelques infirmières, sur pied depuis le matin, venaient s'asseoir près de nous et prendre un quart d'heure de repos. Quel personnel admirable aussi que celui de ces volontaires féminines de la charité. Jusqu'ici j'ai parlé des hommes, mais je me hâte de déclarer que les hospitalières ne le cèdent en rien aux hospitaliers. Ce zèle mystérieux, qui stimule les âmes à Lourdes, les rend infatigables. Elles ne peuvent plus s'arracher de ce lieu de douleur et de prières.

Je me rappelle Mlle de P. qui nous disait en riant : — Voilà trois fois que ma famille m'écrit de venir la rejoindre à Biarritz ; voilà trois fois que je fais ma valise pour y aller. Je m'amène ici pour dire adieu aux sœurs et aux malades et je ne puis pas m'empêcher de me remettre au travail. On s'oublie soi-même à Lourdes...

Oui, on s'oublie soi-même. Et c'est ce qui explique que tant de femmes délicates, habituées au luxe et au confort, aux recherches de la toilette vivent, pendant des jours et des jours, fagotées n'importe comment, affublées de tabliers de toile, parmi les plaies, les miasmes et la misère.

Je n'ose citer de noms de peur de froisser des dévouements qui ne se veulent pas ostentatoires. Je mentionnerai seulement la présidente des infirmières, Mme de Werbier, qui passe littéralement son existence à la piscine des femmes. Qu'elle reçoive ici, pour elle et ses sœurs, l'hommage d'un témoin que l'exemple de leur charité transporta d'admiration.

N'empêche que quelqu'un devrait avoir l'idée de publier le *livre d'or* de l'hospitalité. On y dirait ses origines, on y expliquerait ses rouages ; on la montrerait en fonction. On donnerait la liste de ceux qui l'illustrent, depuis le président et le vice-président, M. Christophe et M. de Beauchamp, depuis l'abbé Burosse et l'abbé Espinos jusqu'à ces humbles brancardiers qui font des économies toute l'année, pour les dépenser à Lourdes, au service des malades. Par exemple, l'abbé Hamon, qui apprit à tricoter afin de payer, par la vente de ses ouvrages, son déplacement de Paris à Lourdes et son entretien là-bas.

L'organisation et le fonctionnement du pèlerinage national demanderaient aussi un volume. J'aimerais à l'écrire et je regrette de ne pouvoir consacrer ici quelques chapitres à cette superbe manifestation. Mais la place et le loisir me font également défaut...

Puisque nous sommes à l'hôpital, je rapporterai un souvenir d'une des nuits de veille que j'y passai.

Il s'y trouvait alors, dans un lit, à l'angle droit près de la porte de la salle Saint-Jean de Dieu, un cancéreux venu de Paris ; il m'avait été recommandé par les sœurs de Saint-Vincent de Paul de l'hôpital Saint-Joseph à Montrouge, qui veulent bien m'honorer de leur amitié.

Son mal lui rongeait les entrailles et se révélait au dehors par une plaie, au-dessous du nombril, qui ne cessait de suppurer et qui répandait une odeur atroce. Comme il était très bas et pouvait mourir d'une minute à l'autre, il fallait que quelqu'un restât toujours près de lui. Afin que sa femme, qui l'accompagnait, pût prendre quelque repos, nous nous étions entendus à trois pour le veiller à tour de rôle.

Cette nuit-là, la salle était comble. Il y avait

tellement de malades qu'on avait dû rapprocher les lits et qu'on avait grand'peine à circuler dans les intervalles. La température étant fort chaude, on avait laissé toutes les fenêtres ouvertes.

Je demeurai la plus grande partie du temps assis au chevet du cancéreux. Il montrait beaucoup de résignation. Lorsque ses douleurs faisaient un peu trêve, nous récitions ensemble le chapelet. Puis, je lui racontais maints miracles qui s'étaient produits dans des cas aussi désespérés que le sien. Parfois, il s'assoupissait pendant quelques minutes. Alors je me levais et je faisais le tour de la salle, encourageant les malades qui ne dormaient pas, retapant l'oreiller de celui-ci, donnant à boire à celui-là.

Ce qui me stupéfie quand j'y repense, c'est la façon tout aisée dont je vaquais à ces divers soins. Je ne me reconnaissais pas tant je me sentais calme et peu répugné. Ah ! c'est que la grâce spéciale, dont j'éprouvais tous les jours les effets à la piscine, ne cessait pas d'agir.

Au petit jour, la température se refroidit soudain. Des voix gémissantes s'élevèrent qui demandaient que je fermasse les fenêtres et la porte. Je le fis aussitôt. Mais alors la puanteur du cancer se joignit aux odeurs de fièvre, de tuberculose et d'ulcères, dégagées par les autres malades, pour rendre presque irrespirable l'atmosphère de la salle.

Sur le point de suffoquer, j'eus recours à une bouteille d'eau de Cologne archi-concentrée qui m'avait été remise par la bonne sœur Térèse, gardienne de la porterie. Tous les brancardiers la connaissent, car tous furent l'objet de ses maternelles attentions.

Or, c'est en vain que je reniflai le parfum, la puanteur était trop forte : l'eau de Cologne elle-même me semblait sentir le cancer (1). Je ne pus y tenir ; j'allais me trouver mal. Heureusement, survint une sœur de l'hôpital ; je lui confiai mon malade qui, du reste, reposait.

Je sortis dans la cour ; je respirai à pleins poumons l'air frais de l'aube. Puis, j'allumai une cigarette et mon malaise se dissipa. Je regardais le jour grandir : des lueurs d'or rose auréolaient la croix du Grand-Gers ; en face de

______

(1) On ne saurait croire combien cette odeur cadavérique est tenace. Je la gardai pendant trois jours dans les narines ; et le costume que je portais en resta si imprégné que je ne pus le remettre.

moi, une dernière étoile scintillait doucement dans le ciel d'un bleu très pâle. Pas un bruit, sauf le grondement du Gave, en cascade, près du couvent des Clarisses.

Alors, il se fit en moi comme une inondation de joie lumineuse, je me sentis plein d'un bonheur paisible et intense à la fois qui éclairait les profondeurs les plus reculées de ma conscience. J'étais dispos, allègre, content; j'entendais tinter en moi des carillons de cristal.

Je compris que la Sainte Vierge me récompensait de la sorte de ma bonne volonté à la servir et qu'il fallait La remercier.

Au lieu d'aller me coucher, je gagnai la Grotte; l'homme des cierges m'ouvrit la grille; je me blottis derrière l'autel; j'y demeurai deux heures plongé dans une oraison de quiétude qui ne s'exprimait point par des paroles mais par des élans d'amour et de reconnaissance qui s'épanouissaient comme de larges roses aux nuances de miracle.

VIII

A LA GROTTE

La Grotte, c'est le vrai centre de Lourdes. Tout en procède, tout en part, tout y retourne. Le brasier de foi qu'y entretiennent des prières continuelles et des cierges sans cesse renouvelés, rayonne d'abord sur la France, ensuite sur le monde entier. De là s'irradient à travers les brumes du matérialisme, les clartés de cet astre fixe : le Soleil de la Grâce.

A la Grotte, le *Sursum corda* réalisé qu'on éprouve partout à Lourdes prend tout son développement. L'âme, imbibée d'oraison, sent qu'en cet endroit, il est défendu au Mauvais de tracer ses circuits autour d'elle. L'influx du surnaturel la pénètre, avec une impérieuse douceur,

et la vivifie : c'est quelque chose comme une
Eucharistie de lumière. Il semble qu'on soit
dans une serre chaude où s'épanouissent les
palmes et les fleurs de la vie contemplative,
tandis que l'hiver règne au dehors. Dans cette
tiède atmosphère, on sent la présence de la
Sainte Vierge. Les yeux de l'esprit s'ouvrent ;
ce n'est plus la statue de Fabisch qui occupe la
cavité où eurent lieu les apparitions : c'est l'Immaculée elle-même. Elle est là ; de ses mains
descendent sur les têtes inclinées les consolations et les enseignements. On se prosterne ;
comme le fit Bernadette, on baise le sol et l'on
demeure dans une extase d'une ineffable quiétude...

Je pourrais décrire les foules qui se succèdent
à la Grotte, noter les diverses façons dont elles
manifestent leur dévotion. Je pourrais dire
ces ouragans de litanies et d'invocations que
suscitent parfois le geste et la parole d'un direc-
teur de pèlerinage. Je pourrais peindre les
malades et leurs regards et leurs visages trans-
figurés d'espérance. Je pourrais dénombrer ces
hommes de bien qui, debout, pendant des
heures et des heures, rangent les pèlerins, les
font défiler en ordre, recueillent les cierges et

les bouquets, servent les messes, escortent le Saint-Sacrement, assistent les infirmes : M. de Girard, M. Cousturier, M. d'André, M. Gamblon, M. des Grottes, M. Serre, M. Santiago Arcos, M. du Reau, M. Larousse, le colonel Marmet, qui se venge en servant la Sainte Vierge de l'odieux déni de justice dont il fut la victime — et que d'autres encore !

Je pourrais raconter cette messe de six heures du soir le 16 juillet, lorsque un cardinal, vingt prélats, quarante mille pèlerins, mêlaient leurs prières à la Grotte. Rompu de fatigue, ce jour-là, je m'appuyais au mur de la sacristie. J'avais pour voisine une dame coiffée de chapeau de roses blanches que, par la suite, mon ami de Beauchamp m'apprit être la sœur du cardinal Merry del Val...

J'aime mieux évoquer le souvenir d'une nuit que je passai tout entière à la Grotte.

Pendant le séjour que je fis à Lourdes, je ne dormis pas beaucoup. Le soir, après dîner, je quittais le cottage, perché sur la montagne, près du ruisseau de la Merlasse, où je logeais, pour descendre assister à la procession aux lumières. Parfois je rencontrais sous les arbres, à gauche de l'esplanade, Monseigneur Oliveira, évêque missionnaire portugais de Cochin dans l'Inde. Il voulait bien me témoigner de l'amitié. Nous causions pendant qu'ondulait devant nous la constellation brasillante des cierges. J'ai gardé la mémoire de ce saint prélat qui joignait une intelligence merveilleusement lucide à une foi magnifique.

D'autres fois, je venais m'asseoir en compagnie de M. Bonnamy, de l'abbé Malbec et d'autres brancardiers devant le bureau de l'Hospitalité. Nous nous reposions un peu, après le rude labeur de la journée, et nous ne nous séparions qu'après avoir chanté le *Credo* avec les pèlerins de la procession. Ensuite j'allais dire mes prières à la Grotte puis je remontais me coucher. Il était environ dix heures. A quatre heures du matin, j'étais debout : une visite et une méditation à la Grotte, la messe de cinq heures à la crypte et puis — au travail !...

Un soir, la température était délicieusement tiède ; la pleine lune, déjà haute dans le ciel, argentait les cimes des montagnes et brisait ses rayons en reflets papillonnants sur les eaux tumultueuses du Gave.

Le charme de cette belle nuit était si prenant jene ne pus me résoudre à m'en aller au lit, q après la procession. Je décidai de me rendre à la Grotte et d'y rester le plus tard possible — voire jusqu'au matin.

J'éprouvais, du reste, le besoin d'un peu de solitude et de silence après tant de jours passés dans le brouhaha de la foule et dans l'encombrement des malades. Me recueillir à l'écart, colliger mes impressions depuis mon arrivée à Lourdes, vérifier l'état de mon âme devant la Sainte Vierge, demander à la grande Auxiliatrice qu'elle me conseillât pour l'avenir serait salutaire.

Il était onze heures environ quand j'arrivai à la Grotte. Une cinquantaine de personnes priaient encore, agenouillées sur les dalles, plusieurs, les bras en croix, devant la grille close. Je me mis auprès d'elles ; je récitai lentement et avec réflexion les litanies. Puis j'allai m'asseoir sur le banc de pierre qui longe le parapet du Gave. Tout était calme ; tout était harmonieux. Les flammes des cierges montaient, droites et fines, vers la statue, doucement blanche dans l'ombre ; une brise presque insensible faisait frissonner les feuilles de l'églantier qui entoure la cavité de l'apparition. La voix profonde de la rivière se mêlait au murmure pensif des hauts peupliers qui la bordent. Le clair de lune étalait à l'infini ses splendeurs pacifiantes.

Peu à peu, les derniers suppliants de la Sainte Vierge s'en allèrent. Je restai seul dans l'enchantement de la nuit et de l'oraison mentale.

Ce qui me vient d'abord à l'esprit ce fut une comparaison entre l'existence pieuse et charitable, toute de concentration chrétienne, telle qu'on la mène ici et la vie dispersée, pleine de soucis médiocres, telle qu'on la mène ailleurs.

Dire qu'il nous suffit de séjourner à Lourdes, dans des sentiments de bonne volonté et de soumission à la Grâce, pour qu'aussitôt notre âme se trouve régénérée comme si nous venions de recevoir un nouveau baptême.

Le drame lugubre et burlesque à la fois qui se joue dans le monde en proie au péché, nous apparaît sous son vrai jour. Nous distinguons les ficelles dont ce concessionnaire de tous les Guignols humains : le Mauvais use pour déterminer nos gestes et nos grimaces. Nous estimons à leur juste mesure nos convoitises, nos vanités, nos incertitudes. Nous nous rappelons l'horrible arrière-goût de fange laissé dans notre gosier par les piètres satisfactions que nous donnons à nos sens.

Le contraste est trop violent entre nos inconséquences d'hier et nos actes d'aujourd'hui, sous l'emprise immédiate de l'Immaculée, pour qu'en reconnaissance des grâces obtenues ici nous ne prenions pas la ferme résolution de vivre désormais d'une façon plus conforme aux préceptes de Notre-Seigneur.

Certes, notre amour-propre et notre complaisance au péché sont si invétérés qu'il nous arrivera encore de manquer aux engagements que nous contractons vis-à-vis de la Sainte Vierge. Du moins, nous ne nous illusionnerons plus sur la gravité de nos écarts. Nous ne ferons plus de longues villégiatures dans les châteaux de l'orgueil, de la sensualité, de l'esprit de lucre. Un rappel de Notre-Dame de Lourdes suffira pour nous ramener bien vite dans la voie étroite. Nos efforts et notre pénitence nous faciliteront, peut-être alors, l'escalade d'un degré de plus vers la vie en Dieu.

Réfléchissant à ces choses, j'eus la notion très nette du bénéfice acquis par mon pèlerinage à Lourdes. Je sentis qu'à l'avenir je ne pourrais plus me trémousser comme un pantin fébrile, parmi les rigaudons que nous racle, sur d'absurdes guitares, le siècle charlatanesque où nous sommes condamnés à faire notre salut.

A cette heure de repliement sur moi-même, la persuasion d'un progrès de mon âme me fut très douce. Et je remerciai la Sainte Vierge de me récompenser, par là, du peu que j'avais tenté pour Sa gloire.

Ensuite ma pensée remonta vers l'époque où le Bon Dieu ne m'avait pas encore brisé, telle une poterie bossue, pour me remodeler selon son vouloir. Je me souvins de cette inquiétude perpétuelle qui me faisait courir d'une idole à l'autre pour féconder le sanctuaire où je brûlerais un encens définitif.

Ah ! le *criterium* de la certitude cherché tour à tour sur les tréteaux humanitaires, dans les miroirs déformants de la Science, dans les brumes accumulées des philosophies, dans les évohés du sensualisme païen. Puis, chaque fois que je revenais, déçu, de ces mornes aventures, c'était pour barbotter, comme un sale canard, dans les marécages de la débauche. Ou bien pour m'écrier, ivre de désespérance, avec le Macbeth de Shakespeare : « La vie n'est qu'une ombre voyageuse, un pauvre acteur qui se dé-

Cliché Cazenave, Lourdes.

LES ENFANTS DE CHŒUR DE LA BASILIQUE A LA GROTTE.

mène et s'agite, pendant une heure, sur le théâtre et qu'ensuite on n'entend jamais plus... »

Et c'est alors qu'intervenait le spectre du suicide, m'offrant, d'une main, la corde et, de l'autre, le revolver...

Mais ma conversion accomplie, le pas décisif franchi pour rentrer dans l'Eglise, quel apaisement suivit cette longue tempête ! A coup sûr j'eus à subir encore force traverses : mal physique, difficultés d'existence, tribulations du cœur et de l'esprit. Mais combien la foi dans les vérités éternelles reconquise me donnait d'énergie pour les accepter ou les vaincre. Auparavant, c'était en moi une anarchie d'instincts, de désirs qui, contentés, se tournaient en écœurements, d'élans erratiques vers des idéaux contradictoires. Maintenant le sentiment d'une autorité supérieure avait rétabli l'ordre dans mon âme. Solide et rayonnante comme un pur diamant, l'idée de Dieu brillait dans ma conscience. Mes actions et mes pensées évoluaient autour d'elle. Et j'avais appris, par expérience, que nulle ruse démoniaque ne me déroberait ce joyau de mon trésor intime, que nulle vapeur d'orgueil n'en ternirait l'éclat.

Depuis, à travers les vicissitudes inhérentes

à la faiblesse humaine, à travers les sursauts
d'imagination du poëte, à travers les flatteries,
parfois dangereuses, de la notoriété, la grâce
me fut maintenue de tout rapporter à la Pro-
vidence. La grâce non moindre me demeura
d'implorer sans cesse sa miséricorde ou son secours par l'intermédiaire de la Sainte Vierge.
Il en résulta que la paix et la confiance ne tar-
dèrent jamais à rentrer dans mon âme, que les
difficultés s'aplanirent bientôt, que la santé suc-
céda rapidement à la maladie. C'est que, moi
aussi, « je voyais mon étoile ». Mais c'était
l'Etoile du Matin célébrée dans les litanies et
j'en partageais l'influence avec tous les catholiques.

D'où vint alors qu'ayant récapitulé ces preuves de la bonté divine à mon égard, je me sentis tout à coup pris d'inquiétude pour l'avenir?
Je cessai soudain de voir clair en moi. Cette nuit
transparente, trempée de lune, chargée du parfum des feuillages, cette ombre chaude où se
diffusaient les soupirs mélodieux des peupliers
et le grave cantique chanté par la rivière ondu-
leuse me parut pleine de menaces. Il y eut
comme un voile entre le tranquille brasier des
cierges et moi. Et je demandai, dans le trouble :

— Sainte Vierge, qu'est-ce que je ferai demain?

Il était vraiment saugrenu de poser cette question au moment même où je venais d'affirmer ma foi dans la protection d'En-Haut. Mais nous sommes ainsi faits : nous tâchons toujours de nous figurer autrement que nous ne sommes à l'heure présente. Pareils à des marmots versatiles, à peine la Bonne Mère a-t-elle commencé à nous raconter la merveilleuse histoire de sa tendresse pour nous, que nous nous écrions : — Qu'arrivera-t-il après?...

Comme il était équitable, je ne reçus pas de réponse sur le champ. J'en fus pour la honte d'avoir cédé à un mouvement de curiosité puérile et que rien ne justifiait.

Je m'en gourmandai en haussant les épaules à mon adresse. Et je me hâtai de paraphraser le *Sub Tuum* : — Sainte Mère de Dieu, je me fie à vous, sachant que vous ne m'abandonnerez pas lorsque j'aurai besoin de votre secours.

Cependant la nuit s'écoulait. Le petit jour commençait de clignoter à l'orient du ciel. Un bruit de pas fit résonner les dalles sous l'arcade de la rampe qui monte à la Basilique. Je me tournai de ce côté et je vis venir trois femmes chargées de paquets. Quand elles furent proches, à la clarté des cierges, je vis que c'étaient des paysannes de la montagne. Leur costume et leur type si caractéristique me l'apprirent.

Sans s'occuper de moi, elles s'agenouillèrent contre la grille et prièrent un bon bout de temps. Puis, lasses sans doute, d'avoir marché plusieurs heures par des sentiers difficiles, elles arrangèrent leurs paquets en guise d'oreillers, s'enveloppèrent dans leurs mantes et s'endormirent paisiblement sous la garde de la Sainte Vierge.

Et je me dis : — La réponse, la voilà. Avance dans la voie que te trace ta destinée. N'épargne pas ta fatigue pour servir la Sainte Vierge. Puis, quand tu auras peiné de tout ton effort, sans t'inquiéter du futur, repose-toi sur Elle du soin d'arranger les choses pour le plus grand bien de ton âme. Et, ce faisant, n'oublie pas la parole de Notre-Seigneur : « A chaque jour suffit sa tâche. »

Tel fut l'enseignement que j'emportai pour avoir passé une nuit devant la Grotte...

IX

LA LEÇON DE BERNADETTE

Je fus souvent agacé en parcourant telles bro-
chures pieuses où l'on tenta d'idéaliser Bernadette. Elle a été si peu la statuette en stéarine
que des apologistes pleurnicheurs enluminè-
rent d'un pinceau déplorablement doucereux.

Pourquoi ne pas s'en tenir à la vérité qui est,
par elle-même, assez belle et assez poétique
pour qu'on n'ait pas besoin de lui mettre des
papillottes ?

J'ai lu beaucoup de documents probants sur
Bernadette — entre autres ceux si précis que
réunit dans son livre le Père Cros — j'ai interrogé des personnes qui l'avaient connue, j'ai
compris le cas qu'il fallait faire du témoignage
si véridique d'Estrade. Par là, je me suis formé

sur elle une opinion que je crois assez exacte.

Bernadette ne fut ni une exaltée ni, à proprement parler, une mystique. Ce qui la caractérise, c'est le bon sens et la simplicité. Qu'on lise les lettres que, devenue sœur Marie-Bernard, au couvent de Nevers, elle écrivit à sa famille, on verra combien ces deux qualités s'y révèlent. En voici encore une autre preuve : un jour, des personnes qui la suivaient, en la regardant — selon son expression — comme une bête curieuse, s'écrièrent : — Si nous pouvions couper un bout de sa robe. Elle se retourna et dit tranquillement, en haussant les épaules : — Que vous êtes imbéciles !

Elle fut une fort bonne religieuse mais qui ne tranchait sur ses compagnes ni par une outrance de dévotion ni par un raffinement de vie spirituelle. « Elle a été plus travaillée par Dieu qu'elle ne s'est travaillée elle-même », constate l'aumônier de la maison, l'abbé Febvre.

La Sainte Vierge l'avait choisie humble et pieuse, intelligente, certes, mais sans aucune culture. Elle lui octroya deux grâces : celle de ne pas tirer vanité de l'immense faveur dont elle avait été l'objet, celle de garder le ton le plus raisonnable pour exposer cent fois de suite, sans s'impatienter et sans jamais varier, les circonstances des apparitions et les révélations qui lui avaient été faites.

C'est ce qui frappe surtout quand on compulse les minutieuses enquêtes médicales, judiciaires et canoniques auxquelles on la soumit. Avec quelle paisible assurance cette petite paysanne résolut les difficultés qu'on lui opposait, démasqua les pièges qu'on lui tendait, confondit les malveillants, persuada les sceptiques. Aussi la réalité des merveilles qu'elle rapportait ne tarda pas à s'imposer aux enquêteurs de bonne foi qui, comme Estrade et le curé Peyramale, l'avaient d'abord tenue pour folle et hallucinée.

Contrairement à d'autres voyantes — plus ou moins imaginatives — Bernadette ne se posa donc point en Mère de l'Eglise ou en prophétesse des derniers jours ; humble dans sa piété, ne sachant que réciter son chapelet, elle vit la Sainte Vierge, elle recueillit ses paroles et vint vers les hommes pour leur dire : — Voici ce que la Sainte Vierge m'a chargée de vous transmettre. Obéissez-lui comme je lui ai obéi.

Rien de plus et, à mon sens, cela suffit.

Détail intéressant, et qui prend une portée

symbolique, la première guérison obtenue par l'eau de la source jaillie sous les doigts de Bernadette est celle d'un aveugle.

Sans insister davantage sur la personnalité de Bernadette, je voudrais maintenant exposer quelques réflexions sur certaines des phrases prononcées par la Sainte Vierge au cours de ses dix-huit apparitions.

Je les citerai d'abord dans l'ordre où elles furent émises :

— *Voulez-vous me faire la grâce de venir ici pendant quinze jours ? Je ne vous promets pas de vous rendre heureuse dans ce monde, mais dans l'autre. Je désire qu'il vienne du monde. Vous prierez Dieu pour les pécheurs. Pénitence, pénitence, pénitence ! Vous irez dire aux prêtres de bâtir ici une chapelle. Je veux qu'on y vienne en procession. Allez boire à la fontaine et vous y laver. Allez manger de l'herbe que vous trouverez là. Je suis l'Immaculée Conception.*

On a fait remarquer, touchant cette dernière phrase, que le dogme de l'Immaculée Conception ayant été promulgué peu auparavant, Bernadette, assez arriérée, du reste, dans son instruction religieuse — elle n'avait pas encore

Bernadette entourée des Religieuses de Nevers a l'hospice de Lourdes.

fait sa première communion — ne pouvait en avoir connaissance. C'est là une des preuves de l'authenticité des apparitions.

Ce que je désire souligner, c'est qu'en se présentant sous son titre de Conçue sans péchés, c'est-à-dire comme dépositaire de la Grâce dans sa plénitude, la Sainte Vierge voulut, sans doute, nous signifier que les miracles qui allaient se produire seraient le signe d'un rachat des péchés commis par les malades, leurs proches ou leurs ascendants. Et par malades, j'entends ceux de l'âme comme ceux du corps.

Elle semblait, en somme, nous dire : — Je suis puissante parce que j'incarne l'état de grâce absolue. Je vous offre un modèle dont il vous faut mettre toute bonne volonté à vous rapprocher le plus possible afin de me faciliter la tâche de votre guérison.

Et comment manifesterons-nous notre bonne volonté ? Les préceptes indiqués par la Sainte Vierge ne sont pas moins décisifs.

Nous nous humilierons en baisant la terre dont nous sommes sortis et où nous rentrerons. C'est là, je crois, le sens symbolique de cet ordre donné à Bernadette : — *Allez manger de l'herbe que vous trouverez là.*

Boire l'eau de la fontaine et nous y laver veut dire qu'ayant abdiqué notre orgueil par des actes d'humilité, nous nous purifierons de nos fautes en soumettant notre nature pécheresse à des épreuves qu'elle ne pourra supporter qu'en se rendant digne de la Grâce par un acte d'abandon total dans les mains de Dieu.

Puis la Sainte Vierge insiste : *Pénitence* : Confesse tes péchés et repens-toi. *Pénitence* : si souffrant que tu sois, plonge-toi, sans hésiter, dans cette eau glacée. *Pénitence* : Désormais, mortifie-toi et réprime tes penchants vicieux.

Dans un autre ordre d'idées, on peut admettre aussi que ce cri de : *Pénitence* fut proféré trois fois en l'honneur de la Sainte Trinité.

Enfin cette phrase : *Je ne vous promets pas de vous rendre heureuse dans ce monde, mais dans l'autre*, ne doit-elle pas suffire à consoler les malades qui repartent de Lourdes sans être guéris ?

Bernadette souffrit pendant tout le reste de son existence. Mais la Sainte Vierge lui fit la faveur de l'enlever de ce monde lorsqu'elle était encore jeune, puisqu'elle n'avait que 35 ans à l'époque de sa mort. Et nul doute, qu'accomplissant sa promesse, la Bonne Mère ne l'ait fait entrer directement au ciel.

De même, les infirmes qui gardent leurs maux jusqu'à la fin de leur vie terrestre, doivent les accepter en se disant que, par cette épreuve prolongée, ils auront moins à racheter dans l'autre existence. Leur patience et leur résignation leur permettront d'entrevoir, par delà leurs sens mortifiés, la porte du paradis.

Plus on y réfléchit, plus on admire la logique et la profondeur des communications de la Sainte Vierge à l'enfant Bernadette. Nous y trouvons révélés non seulement les moyens de nous guérir du péché mais une règle de vie chrétienne.

L'exemple fourni par Bernadette corrobore cet enseignement. On ne l'imagine pas mariée, mère de famille, perdue dans le tumulte et les criailleries du siècle.

Il faut lui appliquer le beau vers de Louis Le Cardonnel :

Radieuse d'avoir épousé le silence,

elle s'ensevelit dans un monastère. Elle choisit « la meilleure part » et, se renonçant elle-même, elle acheva de mériter le bonheur éternel dont la Sainte Vierge lui avait donné l'assurance.

La leçon qu'elle nous apporte est donc toute de simplicité, d'humilité, d'obéissance. Mis en garde contre l'orgueil de l'esprit, apprenant, une fois de plus, que nous ne pouvons rien sans les grâces dont la Sainte Vierge fut constituée la dispensatrice, pliés à reconnaître les effets de la justice divine dans les souffrances qu'elle nous inflige comme dans les joies qu'elle nous accorde, nous en adorons les mystères. Guéris, nous considérons le miracle, non comme une dérogation aux lois immuables qui régissent les univers mais comme le signe palpable de notre rentrée dans l'ordre supérieur qu'elles déterminent. A nous de n'en plus déchoir par la suite.

Non guéris, nous comprenons que le poids de nos mérites n'est pas encore estimé suffisant pour l'emporter dans les balances divines sur celui des fautes — personnelles ou léguées par nos morts — que nous avions assumées. Nous nous fortifierons alors en acceptant nos douleurs comme des épreuves rédemptrices et en sollicitant les prières de sœur Marie-Bernard qui ne fut pas heureuse dans ce monde mais qui l'est dans l'autre.

Et, surtout, valides ou infirmes, nous ne cesserons d'avoir recours à la Sainte Vierge, parce qu'Elle est l'Auxiliatrice et le Refuge, l'Etoile du Matin et le sanctuaire de la Sagesse, parce qu'Elle affirme dans le capitule de Son office : *J'ai été créée au commencement et avant tous les siècles ; c'est pourquoi jusqu'à la fin des temps, je ne vous ferai pas défaut, moi la servante du Seigneur partout où Il se manifeste, dans sa sainteté.*

CONCLUSION

En terminant ce livre, parlerai-je des fêtes
du cinquantenaire?

A quoi bon? La renommée vous dira qu'elles
furent d'une incomparable splendeur et que le
16 juillet 1908, par exemple, 130.000 pèlerins
acclamaient la Sainte Vierge sur l'esplanade du
Rosaire.

Les statistiques vous apprendront que
six cents trains amenèrent à Lourdes 1.000.000
de visiteurs et 10.000 malades dont un grand
nombre furent guéris ou soulagés. Quant aux
conversions, elles furent plus fréquentes que
jamais ; je le tiens de diverses personnes qui
ont toutes raisons pour en être bien informées.

Pour moi, j'ai appris, une fois de plus et par expérience personnelle, que rien n'était impossible à la Sainte Vierge. Elle m'a pris par la main comme un petit enfant. Elle m'a conduit par les routes, sous les pluies orageuses et les lourds soleils. Et, tandis que je pérégrinais à Sa gloire, Elle m'a mis un pan de ciel dans le cœur.

A Lourdes, Elle m'enseigna la grande charité, Elle me donna la persévérance dans l'effort pour autrui, Elle m'inspira une si grande confiance dans Son aide que je pus accomplir des actes dont, auparavant, la seule pensée m'aurait fait reculer d'épouvante.

Qu'Elle en soit remerciée à jamais. Puisse le pauvre pécheur qu'Elle combla de la sorte en devenir moins imparfait. Puisse-t-il lui prouver son amour par des œuvres à sa louange de plus en plus dignes des grâces qu'Elle lui obtint : ainsi soit-il.

Écrit à Paris, de novembre 1908 à février 1909, sous l'égide des prières des Religieuses Bénédictines du Saint-Sacrement.

PREMIÈRE PARTIE

Journal d'un pèlerinage à pied.

DEUXIÈME PARTIE

Impressions d'un Brancardier.